L'Affaire Charles Dexter Ward
Lovecraft, Howard Phillips

Publication: 1928
Catégorie(s): Fiction, Horreur, Science Fiction, Nouvelles

A Propos Lovecraft:
Howard Phillips Lovecraft was an American author of fantasy, horror and science fiction. He is notable for blending elements of science fiction and horror; and for popularizing "cosmic horror": the notion that some concepts, entities or experiences are barely comprehensible to human minds, and those who delve into such risk their sanity. Lovecraft has become a cult figure in the horror genre and is noted as creator of the "Cthulhu Mythos," a series of loosely interconnected fictions featuring a "pantheon" of nonhuman creatures, as well as the famed Necronomicon, a grimoire of magical rites and forbidden lore. His works typically had a tone of "cosmic pessimism," regarding mankind as insignificant and powerless in the universe. Lovecraft's readership was limited during his life, and his works, particularly early in his career, have been criticized as occasionally ponderous, and for their uneven quality. Nevertheless, Lovecraft's reputation has grown tremendously over the decades, and he is now commonly regarded as one of the most important horror writers of the 20th Century, exerting an influence that is widespread, though often indirect. Source: Wikipedia

Disponible pour Lovecraft:
- *Dans l'Abîme du Temps* (1934)
- *Les Montagnes Hallucinées* (1936)
- *La Quête Onirique de Kadath l'Inconnue* (1943)

« Les Sels essentiels des Animaux se peuvent préparer et conserver de telle façon qu'un Homme ingénieux puisse posséder toute une Arche de Noé dans son Cabinet, et faire surgir, à son gré, la belle Forme d'un Animal à partir de ses cendres ; et par telle méthode, appliquée aux Sels essentiels de l'humaine Poussière, un Philosophe peut, sans nulle Nécromancie criminelle, susciter la Forme d'un de ses Ancêtres défunts à partir de la Poussière en quoi son Corps a été incinéré. »

Borellus.

Chapitre 1

Résultat et prologue

Un personnage fort étrange, nommé Charles Dexter Ward, a disparu récemment d'une maison de santé, près de Providence, Rhode Island. Il avait été interné à contrecœur par un père accablé de chagrin, qui avait vu son aberration passer de la simple excentricité à une noire folie présentant à la fois la possibilité de tendances meurtrières et une curieuse modification du contenu de son esprit. Les médecins s'avouent complètement déconcertés par son cas, car il présentait des bizarreries physiques autant que psychologiques.

En premier lieu, le malade paraissait beaucoup plus vieux qu'il ne l'était. À vrai dire, les troubles mentaux vieillissent très vite ceux qui en sont victimes, mais le visage de ce jeune homme de vingt-six ans avait pris une expression subtile que seuls possèdent les gens très âgés. En second lieu, ses fonctions organiques montraient un curieux désordre. Il n'y avait aucune symétrie entre sa respiration et les battements de son cœur ; sa voix était devenue un murmure à peine perceptible ; il lui fallait un temps incroyablement long pour digérer ; ses réactions nervales aux stimulants habituels n'avaient aucun rapport avec toutes celles, pathologiques ou normales, que la médecine pouvait connaître. La peau était sèche et froide ; sa structure cellulaire semblait exagérément grossière et lâche. Une grosse tache de naissance, en forme d'olive, avait disparu de sa hanche gauche, tandis qu'apparaissait sur sa poitrine un signe noir très étrange qui n'existait pas auparavant. Tous les médecins s'accordent à dire que le métabolisme du sujet avait été retardé d'une façon extraordinaire.

Sur le plan psychologique également, Charles Ward était unique. Sa folie n'avait rien de commun avec aucune espèce de démence consignée dans les traités les plus récents et les plus complets ; elle semblait être une force mentale qui aurait fait de lui un génie ou un chef si elle n'eût été bizarrement déformée. Le Dr Willett, médecin de la famille Ward, affirme que les facultés mentales du malade, si on les mesurait par ses réactions à tous les sujets autres que celui de sa démence, s'étaient bel et bien accrues depuis le début de sa maladie. Le jeune Ward avait toujours été un savant et un archéologue ; mais même ses travaux les plus brillants ne révélaient pas la prodigieuse intelligence qu'il manifesta au cours de son examen par les aliénistes. En fait, son esprit semblait si lucide et si puissant qu'on eut beaucoup de peine à obtenir l'autorisation légale de l'interner ; il fallut, pour emporter la décision, les témoignages de plusieurs personnes et la constatation de lacunes anormales dans les connaissances du patient, en dehors de son intelligence proprement dite. Jusqu'au moment de sa disparition, il se montra lecteur omnivore et aussi brillant causeur que le lui permettait sa faible voix. Des observateurs expérimentés, ne pouvant prévoir sa fuite, prédirent qu'il ne manquerait pas d'être bientôt rendu à la liberté.

Seul le Dr Willett, qui avait mis au monde Charles Ward et n'avait pas cessé depuis lors de surveiller son évolution physique et mentale, semblait redouter cette perspective. Il avait fait une terrible découverte qu'il n'osait révéler à ses confrères. En vérité, le rôle qu'il a joué dans cette affaire ne laisse pas d'être assez obscur. Il a été le dernier à parler au malade, trois heures avant sa fuite et plusieurs témoins se rappellent le mélange d'horreur et de soulagement qu'exprimait son visage à l'issue de cet entretien. L'évasion elle-même reste un des mystères inexpliqués de la maison de santé du Dr Waite : une fenêtre ouverte à soixante pieds du sol n'offre pas une solution. Willett n'a aucun éclaircissement à donner, bien qu'il semble, chose étrange, avoir l'esprit beaucoup plus libre depuis la disparition de Ward. En vérité, on a l'impression qu'il aimerait en dire davantage s'il était sûr qu'un grand nombre de gens attacheraient foi à ses paroles. Il avait trouvé le malade dans sa chambre, mais, peu de temps après son départ, les infirmiers avaient frappé en vain à la porte.

Quand ils l'eurent ouverte, ils virent, en tout et pour tout, la fenêtre ouverte par laquelle une froide brise d'avril faisait voler dans la pièce un nuage de poussière d'un gris bleuâtre qui faillit les étouffer. Les chiens avaient aboyé quelque temps auparavant, alors que Willett se trouvait encore dans la pièce ; par la suite, les animaux n'avaient manifesté aucune agitation. On avertit aussitôt le père de Ward par téléphone, mais il montra plus de tristesse que de surprise. Lorsque le Dr Waite se présenta en personne à son domicile, le Dr Willett se trouvait déjà sur les lieux, et les deux hommes affirmèrent n'avoir jamais eu connaissance d'un projet d'évasion. Seuls, quelques amis intimes de Willett et de Mr Ward ont pu fournir certains indices, et ils paraissent beaucoup trop fantastiques pour qu'on puisse y croire. Un seul fait reste certain jusqu'aujourd'hui, on n'a jamais trouvé la moindre trace du fou échappé.

Dès son enfance, Charles Dexter Ward manifesta une véritable passion pour l'archéologie. Ce goût lui était venu, sans aucun doute, de la ville vénérable où il résidait et des reliques du passé qui abondaient dans la vieille demeure de ses parents, à Prospect Street, au faîte de la colline. À mesure qu'il avançait en âge, il se consacra de plus en plus aux choses d'autrefois l'histoire, la généalogie, l'étude de l'architecture et du mobilier coloniaux, finirent par constituer son unique sphère d'intérêt. Il est important de se rappeler ses goûts pour tâcher de comprendre sa folie, car, s'ils n'en constituent pas le noyau, ils jouent un rôle de premier plan dans son aspect superficiel. Les lacunes relevées par les aliénistes portaient toutes sur des sujets modernes. Elles étaient invariablement compensées par des connaissances extraordinaires concernant le passé, connaissances soigneusement cachées par le patient, mais mises à jour par des questions adroites on aurait pu croire que Ward se trouvait transféré dans une autre époque au moyen d'une étrange auto-hypnose. Chose bizarre, il semblait ne plus s'intéresser au temps d'autrefois qui lui était peut-être devenu trop familier. De toute évidence, il s'attachait à acquérir la connaissance des faits les plus banals du monde moderne, auxquels son esprit était resté entièrement et volontairement fermé. Il fit de son mieux pour dissimuler cette ignorance ; mais tous ceux qui l'observaient constatèrent que son programme de lecture et de conversation était déterminé par le désir frénétique d'acquérir le bagage pratique et culturel qu'il aurait dû posséder en raison de l'année de sa naissance (1902) et de l'éducation qu'il avait reçue. Les aliénistes se demandent aujourd'hui comment, étant donné ses lacunes dans ce domaine, le fou évadé parvient à affronter les complications de notre monde actuel ; l'opinion prépondérante est qu'il se cache dans une humble retraite jusqu'à ce qu'il ait accumulé tous les renseignements voulus.

Les médecins ne sont pas d'accord en ce qui concerne le début de la démence de Ward. L'éminent Dr Lyman, de Boston, le situe en 1919-1920, au cours de sa dernière année à Moses Brown School, pendant laquelle il cessa brusquement de s'intéresser au passé pour se tourner vers les sciences occultes, et refusa de passer l'examen d'admission à l'Université sous prétexte qu'il avait à faire des études individuelles beaucoup plus importantes. À cette époque, il entreprit des recherches minutieuses dans les archives municipales et les anciens cimetières pour retrouver une tombe creusée en 1771 : la tombe d'un de ses ancêtres, Joseph Curwen, dont il affirmait avoir découvert certains papiers derrière les boiseries d'une très vieille maison d'Olney Court, au faîte de Stampers Hill, où Curwen avait jadis habité.

Il est donc indéniable qu'un grand changement se produisit dans le comportement de Ward au cours de l'hiver de 1919-1920 ; mais le Dr Willett prétend que sa folie n'a pas commencé à cette époque. Le praticien base cette opinion sur sa connaissance intime du patient et sur certaines découvertes effroyables qu'il fit quelques années plus tard. Ces découvertes l'ont durement marqué : sa voix se brise quand il en parle, sa main tremble quand il essaie de les coucher par écrit. Willett reconnaît que le changement de 1919-1920 semble indiquer le début d'une décadence progressive qui atteignit son point culminant avec l'horrible crise de 1928, mais il estime, d'après ses observations personnelles, qu'il convient d'établir une distinction plus subtile. Sans doute, le jeune homme avait toujours été d'humeur instable ; néanmoins, sa première métamorphose ne représentait pas un accès de folie véritable : elle était due simplement à ce que Ward avait fait une découverte susceptible d'impressionner profondément l'esprit humain.

La démence véritable vint quelques années plus tard quand Ward eut trouvé le portrait et les papiers de Joseph Curwen ; quand il eut effectué un voyage en pays lointain et psalmodié des invocations effroyables dans d'étranges circonstances ;

quand il eut reçu certaines réponses à ces invocations et rédigé une lettre désespérée ; quand plusieurs tombes eurent été violées ; quand la mémoire du patient commença à oublier toutes les images du monde moderne, tandis que sa voix s'affaiblissait et que son aspect physique se modifiait. C'est seulement au cours de cette période, déclare Willett, que le personnage de Ward prit un caractère cauchemardesque.

On ne saurait mettre en doute que le patient ait fait, comme il l'affirme, une découverte cruciale. En premier lieu, deux ouvriers étaient auprès de lui quand il trouva les papiers de Joseph Curwen. En second lieu, le jeune homme montra au médecin ces mêmes documents qui semblaient parfaitement authentiques. Les cavités où Ward prétendait les avoir découverts sont une réalité visible. Il y a eu en outre les coïncidences mystérieuses des lettres d'Orne et de Hutchinson, le problème de l'écriture de Curwen, et ce que révélèrent les détectives au sujet du Dr Allen ; sans oublier le terrible message en lettres médiévales minuscules, trouvé dans la poche de Willett quand il reprit conscience après sa terrifiante aventure.

Enfin, et surtout, il y a les deux épouvantables résultats obtenus par le docteur, grâce à certaines formules, résultats qui prouvent bien l'authenticité des papiers et leurs monstrueuses implications.

Il faut considérer l'existence de Ward avant sa folie comme une chose appartenant à un passé lointain. À l'automne de 1918, très désireux de subir l'entraînement militaire qui faisait fureur à cette époque, il avait commencé sa première année à l'École Moses Brown, située tout près de sa maison. Le vieux bâtiment, construit en 1819, et le vaste parc qui l'entoure, avaient toujours eu beaucoup de charme à ses yeux. Il passait tout son temps à travailler chez lui, à faire de longues promenades, à suivre des cours et à rechercher des documents généalogiques et archéologiques dans les différentes bibliothèques de la ville. On peut encore se le rappeler tel qu'il était en ce temps-là grand, mince, blond, un peu voûté, assez négligemment vêtu, donnant une impression générale de gaucherie et de timidité.

Au cours de ses promenades, il s'attachait toujours à faire surgir des innombrables reliques de la vieille cité une image vivante et cohérente des siècles passés. Sa demeure, vaste bâtisse de l'époque des rois George, se dressait au sommet de la colline abrupte à l'est de la rivière : les fenêtres de derrière lui permettaient de voir la masse des clochers, des dômes et des toits de la ville basse, et les collines violettes de la campagne lointaine. C'est là qu'il était né. Partant du porche classique de la façade en brique à double baie, sa nourrice l'avait emmené dans sa voiture jusqu'à la petite ferme blanche, vieille de deux siècles, que la ville avait depuis longtemps enserrée dans son étreinte, puis jusqu'aux majestueux bâtiments de l'Université, le long de la rue magnifique où les grandes maisons de brique et les petites maisons de bois au porche orné de colonnes doriques rêvent au milieu de leurs cours spacieuses et de leurs vastes jardins.

Sa voiture avait également roulé dans Congdon Street, un peu plus bas sur le flanc de la colline, où toutes les maisons du côté est se trouvaient sur de hautes terrasses : elles étaient en général beaucoup plus vieilles que celles du sommet, car la ville avait grandi de bas en haut. La nourrice avait coutume de s'asseoir sur un des bancs de Prospect Terrace pour bavarder avec les agents de police ; et l'un des premiers souvenirs de l'enfant était un océan confus de clochers, de dômes, de toits, de collines lointaines, qu'il aperçut depuis cette grande plateforme, par un après-midi d'hiver, baigné d'une lumière violette et se détachant sur un couchant apocalyptique de rouges, d'ors, de mauves et de verts.

Lorsque Charles eut grandi, il s'aventura de plus en plus bas sur les flancs de cette colline presque à pic, atteignant chaque fois des parties de la ville plus anciennes et plus curieuses. Il descendait prudemment la pente quasi verticale de Jencken Street pour gagner le coin de Benefit Street : là, il trouvait devant lui une vieille maison de bois à la porte ornée de pilastres ioniens, et, à côté de lui, la grande maison du juge Durfee, qui conservait encore quelques vestiges de sa splendeur défunte. Cet endroit se transformait peu à peu en taudis, mais les ormes gigantesques lui prêtaient la beauté de leur ombre, et l'enfant se plaisait à errer, en direction du sud, le long des demeures de l'époque pré-révolutionnaire, pourvues de grandes cheminées centrales et de portails classiques.

Vers l'Ouest, la colline s'abaissait en pente raide jusqu'au vieux quartier de Town Street qui avait été bâti au bord de la rivière en 1636. Là se trouvaient d'innombrables ruelles aux maisons entassées les unes sur les autres ; et, malgré l'attrait qu'elles exerçaient sur le jeune Ward, il hésita longtemps avant de s'y hasarder, par crainte d'y découvrir des terreurs inconnues. Il préférait continuer à parcourir Benefit Street, en passant devant l'auberge branlante de La Boule d'Or où Washington avait logé. À Meeting Street, il regardait autour de lui : vers l'Est, il voyait l'escalier de pierre auquel la route devait recourir pour gravir la pente ; vers l'Ouest, il apercevait la vieille école aux murs de brique qui fait face à l'antique auberge de La Tête de Shakespeare où l'on imprimait, avant la révolution, *La Gazette de Providence.* Venait ensuite la première église baptiste de 1775, avec son merveilleux clocher construit par Gibbs. À cet endroit et en direction du Sud, le district devenait plus respectable ; mais les vieilles ruelles dégringolaient toujours la pente vers l'Ouest : spectrales, hérissées de toits pointus, elles plongeaient dans le chaos de décomposition iridescente du vieux port avec ses appontements de bois pourris, ses magasins de fournitures maritimes aux fenêtres encrassées, sa population polyglotte aux vices sordides.

À mesure qu'il devenait plus grand et plus hardi, le jeune Ward s'aventurait dans ce maelström de maisons branlantes, de fenêtres brisées, de balustrades tordues, de visages basanés et d'odeurs indescriptibles. Entre South Main Street et South Water Street, il parcourait les bassins où venaient encore mouiller quelques vapeurs ; puis, repartant vers le Nord, il gagnait la large place du Grand-Pont où la Maison des Marchands, bâtie en 1773, se dresse toujours solidement sur ses arches vénérables. Là, il s'arrêtait pour contempler la prodigieuse beauté de la vieille ville aux multiples clochers, étalée sur la colline, couronnée par le dôme neuf du temple de la Christian Science, comme Londres est couronné par le dôme de Saint-Paul. Il aimait surtout arriver à ce lieu en fin d'après-midi, quand le soleil déclinant dore de ses rayons la Maison des Marchands et les toits amoncelés sur la colline, prêtant un charme magique aux quais où les navires des Indes jetaient l'ancre jadis. Après s'être absorbé dans sa contemplation jusqu'au vertige, il regagnait sa demeure au crépuscule, en remontant les rues étroites où des lueurs commençaient à briller aux fenêtres.

Il lui arrivait aussi de chercher des contrastes marqués. Il consacrait parfois la moitié d'une promenade aux districts coloniaux au nord-ouest de sa maison, à l'endroit où la colline s'abaisse jusqu'à Stampers Hill avec son ghetto et son quartier nègre, groupés autour de la place d'où partait autrefois la diligence de Boston ; et l'autre moitié au charmant quartier du Sud qui renferme George Street, Benevolent Street, Power Street, Williams Street, où demeurent inchangées de belles demeures aux jardins verdoyants entourés de murs. Ces promenades, jointes à des études diligentes, expliquent la science archéologique qui finit par chasser le monde moderne de l'esprit de Charles Ward ; elles nous montrent aussi la nature du sol sur lequel tomba, au cours de ce fatal hiver 1919-1920, la graine qui devait donner un si terrible fruit.

Le Dr Willett est certain que, jusqu'à cette date, il n'y avait aucun élément morbide dans les études et les recherches du jeune homme. Les cimetières présentaient à ses yeux un intérêt purement historique, et il était entièrement dépourvu de tout instinct violent. Puis, par degrés, on vit s'opérer en lui une étrange métamorphose, après qu'il eut découvert parmi ses ancêtres maternels un certain Joseph Curwen, venu de Salem, qui avait fait preuve d'une longévité surprenante et était le héros d'étranges histoires.

Le trisaïeul de Ward, Welcome Potter, avait épousé en 1785 une certaine « Ann Tillinghast, fille de Mme Eliza, elle-même fille du capitaine James Tillinghast » : le nom du père ne figurait pas dans les papiers de la famille. À la fin de l'année 1918, en examinant un volume manuscrit des archives municipales, le jeune généalogiste découvrit une inscription mentionnant un changement légal de nom, par lequel, en l'an 1772, Mme Eliza Curwen, épouse de Joseph Curwen, avait repris, ainsi que sa fille Anne, âgée de sept ans, le nom de son père, le capitaine Tillinghast : étant donné que « *le nom de son Mari était devenu un Opprobre public, en raison de ce qu'on avait appris après sa mort, et qui confirmait une ancienne Rumeur, à laquelle une loyale Épouse avait refusé d'ajouter foi jusqu'à ce qu'elle fût si formellement prouvée qu'on ne pût conserver aucun Doute* ». Cette inscription fut découverte à la suite de la séparation accidentelle de deux feuillets soigneusement collés ensemble.

Charles Ward comprit tout de suite qu'il venait de se trouver un aïeul jusqu'alors inconnu. Ceci le troubla d'autant plus qu'il avait déjà entendu de vagues rumeurs concernant ce personnage dont il semblait qu'on eût voulu effacer officiellement le souvenir.

Jusqu'alors, Ward s'était contenté de bâtir des hypothèses plus ou moins fantaisistes au sujet du vieux Joseph Curwen ; mais, dès qu'il eut découvert le lien de parenté qui les unissait, il entreprit de rechercher systématiquement tout ce qu'il pourrait trouver. Il réussit au-delà de ses plus grands espoirs : des lettres, des mémoires et des journaux intimes, enfouis dans les greniers de Providence et d'autres villes, recélaient des passages révélateurs que leurs auteurs avaient jugé inutile de détruire. Mais les documents les plus importants, ceux qui, selon le Dr Willett, causèrent la perte de Ward, furent trouvés par le jeune homme, en août 1919, derrière les boiseries d'une maison délabrée d'Olney Court.

Chapitre 2

Antécédent et abomination

Joseph Curwen, s'il faut en croire les légendes, les rumeurs et les papiers découverts par Ward, était un homme énigmatique qui inspirait une horreur obscure. Il avait fui Salem pour se réfugier à Providence (ce havre de tous les êtres libres, originaux et dissidents) au début de la grande persécution des sorcières : il craignait d'être accusé de pratiquer la magie, en raison de son existence solitaire et de ses expériences chimiques ou alchimiques. Devenu libre citoyen de Providence, il acheta un terrain à bâtir au bas d'Olney Street. Sa maison fut construite sur Stampers Hill, à l'ouest de Town Street, à l'endroit qui devint par la suite Olney Court ; en 1761, il remplaça ce logis par un autre, beaucoup plus grand, encore debout à l'heure actuelle.

Ce qui parut d'abord le plus bizarre, c'est que Joseph Curwen ne sembla pas vieillir le moins du monde à partir du jour de son arrivée. Il se fit armateur, acheta des appontements près de la baie de Mile-End, et aida à reconstruire le Grand-Pont en 1713 ; mais il garda toujours le même aspect d'un homme de trente à trente-cinq ans. À mesure que les années passaient, cette qualité singulière attira l'attention générale. Curwen se contenta d'expliquer qu'il était issu d'une lignée d'ancêtres particulièrement robustes, et que la simplicité de son existence lui permettait d'économiser ses forces. Les habitants de Providence, ne comprenant pas très bien comment on pouvait concilier la notion de simplicité avec les inexplicables allées et venues du marchand et les lumières qui brillaient à ses fenêtres à toute heure de la nuit, cherchèrent d'autres causes à son étrange jeunesse et à sa longévité. La plupart d'entre eux estimèrent que cet état singulier provenait de ses perpétuelles manipulations de produits chimiques. On parlait beaucoup des curieuses substances qu'il faisait venir de Londres et des Indes sur ses bateaux, où qu'il allait chercher à Newport, Boston et New York. Lorsque le vieux Dr Jabez Bowen arriva de Rehoboth et ouvrit sa boutique d'apothicaire, de l'autre côté du Grand-Pont, à l'enseigne de la Licorne et du Mortier, Curwen lui acheta sans arrêt drogues, acides et métaux. S'imaginant qu'il possédait une merveilleuse science médicale, plusieurs malades allèrent lui demander secours ; il les encouragea dans leur croyance, sans se compromettre le moins du monde, en leur donnant des potions de couleur bizarre, mais on observa que ses remèdes, administrés aux autres, restaient presque toujours sans effet. Finalement, lorsque, après cinquante ans de séjour, Curwen ne sembla pas avoir vieilli de plus de cinq ans, les gens commencèrent à murmurer et à satisfaire le désir d'isolement qu'il avait toujours manifesté.

Diverses lettres et journaux intimes de cette époque révèlent plusieurs autres raisons pour lesquelles on en vint à craindre et à éviter Joseph Curwen comme la peste. Ainsi, il avait une passion bien connue pour les cimetières où on le voyait errer à toute heure, encore que personne ne l'eût jamais vu se livrer à un acte sacrilège. Sur la route de Pawtuxet, il possédait une ferme où il passait l'été et à laquelle il se rendait fréquemment à cheval, de jour ou de nuit. Deux domestiques prenaient soin de ce domaine. C'était un couple d'Indiens Narragansett : le mari avait un visage couturé d'étranges cicatrices ; la femme, d'aspect répugnant, devait avoir du sang noir dans les veines. L'appentis attenant à la ferme abritait le laboratoire de Curwen. Les porteurs qui livraient des flacons, des sacs ou des caisses par la petite porte de derrière, parlaient entre eux de creusets, alambics et fourneaux qu'ils avaient vus dans la pièce aux murs garnis de rayonnages, et disaient à voix basse que le taciturne alchimiste ne tarderait pas à trouver la pierre philosophale. Les voisins les plus proches, les Fenner, qui habitaient à un quart de mille de distance, déclaraient qu'ils entendaient, pendant la nuit, des cris et des hurlements prolongés provenant de la ferme de Curwen. En outre, ils s'étonnaient du grand nombre d'animaux qui paissaient dans les prés : en effet, il n'y avait pas besoin de tant de bêtes pour fournir de la viande, du lait et de la laine à un vieillard solitaire et à ses deux serviteurs. Chose non moins bizarre, le cheptel n'était jamais le même, car, chaque semaine, on achetait de nouveaux troupeaux aux fermiers de Kingstown. Enfin, un grand bâtiment de pierre, dont les fenêtres étaient réduites à d'étroites fentes, avait une très mauvaise réputation.

Les flâneurs de la place du Grand-Pont avaient beaucoup à dire sur la maison d'Olney Court : non pas la belle demeure bâtie en 1761, lorsque Curwen devait avoir cent ans, mais l'humble logis primitif, à la mansarde sans fenêtres, aux murs couverts de bardeaux, dont il fit brûler la charpente après sa démolition. En vérité, elle offrait beaucoup moins de mystère que la ferme, mais on y voyait briller des lumières au cœur de la nuit ; il n'y avait, comme serviteurs, que deux étrangers au visage basané ; la gouvernante était une vieille Française d'un âge incroyable ; on livrait à l'office des quantités de nourritures extraordinaires ; enfin, on entendait des voix étranges tenir des conversations secrètes à des heures indues.

Dans les cercles plus élevés de la société de Providence, le comportement de Curwen faisait aussi l'objet de nombreuses discussions ; car, à mesure que le nouveau venu avait pénétré dans les milieux ecclésiastiques et commerciaux de la ville, il avait lié connaissance avec des personnalités distinguées. On savait qu'il appartenait à une très bonne famille, les Curwen, ou Carwen, de Salem, étant bien connus dans la Nouvelle-Angleterre. On apprit qu'il avait beaucoup voyagé dans sa jeunesse, qu'il avait séjourné en Angleterre et s'était rendu en Orient à deux reprises. Quand il daignait parler, il employait le langage d'un Anglais cultivé. Mais, pour une raison quelconque, il n'aimait pas la compagnie. Bien qu'il n'eût jamais repoussé un visiteur, il faisait toujours preuve d'une telle réserve que peu de gens trouvaient quelque chose à lui dire.

On discernait dans son comportement une sardonique arrogance, comme s'il en était venu à trouver stupides tous les humains, après avoir eu commerce avec des entités plus puissantes. Lorsque le Dr Checkley[1], un des beaux esprits de l'époque, vint de Boston en 1738, pour assumer les fonctions de recteur de King's Church, il ne manqua pas de rendre visite à un personnage dont il avait tant entendu parler. Mais il se retira au bout de très peu de temps, car il avait décelé dans les propos de son hôte quelque chose de sinistre : Charles Ward

---

1. Docteur en théologie (N. d. T.).

déclara un soir à son père qu'il aurait donné beaucoup pour savoir ce que le mystérieux vieillard avait pu dire à l'ecclésiastique ; malheureusement, tous les auteurs des journaux intimes de l'époque s'accordaient pour relater la répugnance du Dr Checkley à répéter ce qu'il avait entendu. L'excellent homme avait été violemment bouleversé, et il ne pouvait jamais songer à Joseph Curwen sans perdre sa gaieté bien connue.

C'est pour une raison plus précise qu'un autre homme cultivé évita le redoutable ermite. En 1746, Mr John Merritt, Anglais d'âge mûr, aux goûts scientifiques et littéraires, arriva de Newport pour venir s'installer à Providence où il se fit bâtir une belle maison de campagne dans ce qui est aujourd'hui le centre du quartier résidentiel. Il menait un grand train de vie (il fut le premier à posséder un carrosse et des domestiques en livrée) et tirait fierté de sa lunette d'approche, son télescope, sa belle bibliothèque de livres anglais et latins. Ayant entendu dire que Curwen avait la plus riche bibliothèque de la ville, il ne tarda pas à lui rendre visite et reçut un accueil relativement cordial. Son admiration pour les rayonnages bien garnis de son hôte, qui, outre les classiques grecs, latins et anglais, contenaient un remarquable arsenal d'œuvres philosophiques, mathématiques, scientifiques, avec des auteurs tels que Paracelse, Agricola, van Helmont, Sylvius, Glauber, Boyle, Boerhaave, Becher et Stahl, lui valut d'être invité à visiter la ferme et le laboratoire, ce que Curwen n'avait jamais offert à personne.

Mr Merritt a toujours reconnu n'avoir rien vu de vraiment horrible à la ferme de Pawtuxet Road[2], mais il a déclaré que les titres des volumes traitant de thaumaturgie, d'alchimie et de théologie, avaient suffi à lui inspirer une véritable répulsion. Cette collection bizarre comprenait presque tous les cabalistes, démonologistes et magiciens connus, et constituait un véritable trésor de science en matière d'alchimie et d'astrologie. On y trouvait Hermès Trismégiste dans l'édition de Ménard, la *Turba Philosophorum,* le *Liber investigationis* de Geber, la *Clé de la Sagesse* d'Artephius, le *Zohar,* l'*Albertus Magnus* de Peter Jamm, l'*Ars Magna et ultima* de Raymond Lulle dans les éditions de Zetzner, le *Thesaurus chemicus* de Roger Bacon, le

---

2. Pawtuxet Road : la Route de Pawtuxet (Pawtuxet étant le nom d'un village) (N. d. T.).

Clavis Alchimiae de Fludd, le *De Lapide Philosophico* de Trithème. Les Juifs et les Arabes du Moyen Age étaient fort nombreux, et Mr Merritt blêmit lorsque, en prenant un beau volume étiqueté *Quanoon-e-Islam,* il s'aperçut que c'était en réalité le *Necronomicon* de l'Arabe dément Abdul Alhazred, livre interdit qui avait été l'objet de rumeurs monstrueuses, quelques années auparavant, après la découverte de rites innommables dans le petit village de pêcheurs de Kingsport, Massachussetts.

Mais, chose étrange, le digne Mr Merritt fut plus particulièrement bouleversé par un infime détail. Posé à plat sur l'énorme table d'acajou se trouvait un très vieil exemplaire de Borellus, annoté et souligné de la main de Curwen. Le livre était ouvert au milieu, et un paragraphe marqué de plusieurs traits de plume retint l'attention du visiteur. La lecture de ces quelques lignes lui causa un trouble indescriptible. Il devait se les rappeler jusqu'à la fin de ses jours, et les transcrivit mot pour mot dans son journal intime. Les voici :

Les Sels essentiels des Animaux se peuvent préparer et conserver de telle façon qu'un Homme ingénieux puisse posséder toute une Arche de Noé dans son Cabinet, et faire surgir, à son gré, la belle Forme d'un Animal à partir de ses cendres ; et par telle méthode, appliquée aux Sels essentiels de l'humaine Poussière, un Philosophe peut, sans nulle Nécromancie criminelle, susciter la Forme d'un de ses Ancêtres défunts à partir de la Poussière en quoi son Corps a été incinéré.

C'est près du port, dans la partie sud de Town Street, que l'on racontait les pires choses au sujet de Joseph Curwen. Les marins sont gens superstitieux : les rudes matelots des négriers, des bateaux corsaires et des grands bricks des Brown, des Crawford et des Tillinghast, faisaient de furtifs signes de croix quand ils voyaient ce vieillard mince et voûté, aux cheveux blonds, à l'aspect si jeune, entrer dans son entrepôt de Doubloon Street, ou bavarder avec des capitaines et des subrécargues sur le quai le long duquel ses navires se balançaient. Ses commis et ses capitaines le craignaient et le détestaient ; ses équipages se composaient de métis de La Havane, de La Martinique ou de Port-Royal. La cause essentielle de la peur inspirée par le vieillard était la fréquence avec laquelle il remplaçait ses matelots. Un équipage allait à terre, dont certains membres étaient chargés de telle ou telle commission : quand on procédait au rassemblement, il manquait toujours deux ou trois hommes. Or, presque tous les disparus avaient reçu l'ordre de se rendre à la ferme de Pawtuxet Road, et personne n'avait oublié cette particularité. Au bout d'un certain temps, Curwen eut beaucoup de mal à recruter des marins pour ses navires. Invariablement plusieurs d'entre eux ne manquaient pas de déserter après avoir entendu les commérages sur les quais de Providence, et leur remplacement posait un problème de plus en plus difficile.

En 1760, Joseph Curwen était devenu un véritable paria, soupçonné d'alliances avec les démons, qui semblaient d'autant plus menaçantes qu'on ne pouvait ni les nommer, ni les comprendre, ni prouver leur existence. L'affaire des soldats disparus, en 1758, acheva de monter les gens contre lui. Cette année-là, pendant les mois de mars et d'avril, deux régiments du roi, en route pour la Nouvelle-France, furent cantonnés à Providence où leur nombre diminua de façon inexplicable. On remarqua que Curwen avait coutume de bavarder avec ces étrangers en tunique rouge, et, lorsque plusieurs d'entre eux eurent disparu, les gens se rappelèrent ce qui se passait dans les équipages de l'armateur. Nul ne saurait dire ce qui se serait produit si les régiments étaient restés plus longtemps sur place.

Cependant, les affaires du marchand prospéraient. Il avait le monopole du poivre noir, du salpêtre et de la cannelle, et c'était le plus gros importateur de cuivre, d'indigo, de coton, de laine, de sel, de fer, de papier et de marchandises anglaises de tous genres. Des boutiquiers tels que James Grun, à l'enseigne de l'Elephant, à Cheapside, les Russell, à l'enseigne de l'Aigle d'Or, de l'autre côté du Grand-Pont, ou encore Clark et Nightingale, à l'enseigne de la Poêle à frire, près du Café Neuf, s'approvisionnaient presque uniquement chez lui. Enfin, des arrangements avec les distillateurs locaux, les laitiers et les éleveurs de chevaux indiens, et les fabricants de chandelles de Newsport, faisaient de lui un des premiers exportateurs de la Colonie.

Bien qu'il fût frappé d'ostracisme, il ne manquait pas d'un certain esprit civique. Lorsque la maison du gouverneur eut été détruite par le feu, il participa généreusement à sa reconstruction en 1761. La même année, il aida à rebâtir le Grand-Pont après la tempête d'octobre. Il remplaça plusieurs livres détruits dans l'incendie de la bibliothèque municipale. Enfin, le jour où certains fidèles se séparèrent de l'église du Dr Cotton pour fonder l'église du diacre Snow, Curwen se joignit à eux. Son zèle religieux ne tarda pas à diminuer, mais, quand il se vit condamné à un isolement qui menaçait de le mener à la ruine, il se remit à cultiver la piété.

L e spectacle de cet homme étrange, au visage blême, à peine âgé de quarante ans en apparence et pourtant vieux de plus d'un siècle, essayant d'échapper à la vague de crainte et de haine dont il était l'objet, paraissait à la fois pathétique et méprisable. Telle est la puissance de la richesse et de certains gestes, que l'aversion publique à son égard diminua un peu, surtout lorsque ses marins cessèrent brusquement de disparaître. En outre, on ne le vit plus jamais errer dans les cimetières, et on parla beaucoup moins des bruits sinistres qui se faisaient entendre dans sa ferme de Pawtuxet Road. Il continua à faire entrer dans sa maison des quantités considérables de nourriture et à remplacer ses troupeaux de bétail ; mais, avant le jour où ses livres de comptes furent examinés par Charles Ward, nul ne songea à établir une troublante comparaison entre le grand nombre de nègres de Guinée qu'il importa jusqu'en 1766 et le petit nombre de ces mêmes Noirs pour lesquels il pouvait produire des actes de vente soit aux marchands d'esclaves du Grand-Pont, soit aux planteurs du Territoire des Narragansett.

Naturellement, cet amendement tardif ne produisit pas beaucoup d'effet. On continua d'éviter Curwen avec méfiance, et il comprit que ses affaires ne tarderaient pas à être compromises. Ses études et ses expériences, quelle qu'en fût la nature, devaient nécessiter un revenu considérable ; en outre, il ne lui eût servi à rien de changer de lieu de résidence, car cela lui aurait fait perdre tous les avantages de sa situation commerciale. La raison lui ordonnait d'améliorer ses rapports avec les habitants de la ville, afin que sa présence ne fût plus le signal de la fin des conversations, de mauvaises excuses pour prendre congé, et d'une atmosphère de malaise général. Ses commis lui causaient beaucoup de soucis, car c'étaient de pauvres hères que personne d'autre ne voulait employer. Quant à ses capitaines et à leurs seconds il ne les gardait que dans la mesure où il pouvait exercer sur eux un certain ascendant soit par une hypothèque, soit par un billet à ordre, soit par des renseignements précis sur leur vie privée. Dans plusieurs cas, s'il faut en croire les journaux intimes du temps, Curwen fit preuve d'un véritable pouvoir magique pour découvrir des secrets de famille à des fins peu avouables. Au cours des cinq dernières années de son existence, il sembla que, seules, des conversations directes avec des gens morts depuis longtemps, aient pu lui fournir les renseignements qu'il était prêt à débiter avec tant de volubilité.

Vers cette époque, le rusé marchand trouva un expédient suprême pour reprendre son rang dans la communauté. Il résolut d'épouser une jeune fille dont la situation sociale rendrait impossible l'ostracisme qui le frappait. Peut-être aussi avait-il des raisons plus profondes de désirer se marier ; des raisons tellement en dehors de notre sphère que, seuls, des papiers découverts cent cinquante ans après sa mort ont permis d'en soupçonner l'existence ; mais on ne saura jamais rien de certain à ce sujet. Se rendant compte de l'horreur indignée qu'il susciterait en faisant sa cour selon les coutumes établies, il chercha une candidate sur les parents de laquelle il pût exercer une pression suffisante : tâche très difficile, car il voulait que sa future épouse possédât une grande beauté, une éducation parfaite et une position sociale inattaquable. Finalement, son choix se porta sur la fille d'un de ses meilleurs capitaines, nommé Dutie Tillinghast, veuf d'excellente famille et de réputation sans tache, qui, par manque d'argent, se trouvait complètement sous la domination de Curwen. Après une terrible entrevue avec son armateur, le marin donna son consentement à cette union monstrueuse.

Eliza Tillinghast, âgée de dix-huit ans à cette époque, avait été aussi bien élevée que les maigres ressources de son père le permettaient. Non seulement elle avait fréquenté l'école de Stephen Jackson, mais encore elle avait appris tous les arts de la vie domestique. Depuis la mort de sa mère, emportée par la variole en 1757, elle tenait la maison, avec l'aide d'une seule servante noire. Elle dut avoir une explication très pénible avec son père au sujet du mariage qu'il lui imposait, mais aucun document écrit n'en fait mention. Ce qu'il y a de sûr, c'est qu'elle rompit ses fiançailles avec le jeune Ezra Weeden, premier lieutenant de l'*Entreprise,* et que son union avec Joseph Curwen fut célébrée le 7 mars 1767, à l'église baptiste, en présence des personnalités les plus distinguées de la ville. *La Gazette* mentionna la cérémonie en un compte rendu très bref qui semble avoir été coupé ou déchiré dans les numéros de ce journal encore existants. Ward en trouva un seul intact, après de longues recherches dans les archives d'un collectionneur célèbre. Il était rédigé dans les termes suivants :

Lundi dernier, Mr Joseph Curwen, marchand de cette Ville, a épousé Mlle Eliza Tillinghast, fille du capitaine Dutie Tillinghast, jeune personne qui, en même temps que la Beauté, possède un réel Mérite de nature à faire honneur à l'État de mariage et à perpétuer sa Qualité.

La série des lettres Durfee-Amold, découverte par Charles Ward dans la collection de Melville F. Peters, de George Street, jette une vive lumière sur l'indignation suscitée par cette union mal assortie. Néanmoins, l'influence sociale des Tillinghast gardait tout son poids, et, de nouveau, Joseph Curwen reçut les visites de gens qu'il n'aurait jamais amenés, dans d'autres circonstances, à franchir le seuil de sa demeure. S'il ne fut pas reçu par tout le monde, il cessa d'être l'objet d'un ostracisme général. Le comportement de l'étrange marié à l'égard de son épouse surprit tout le monde. Il n'y eut plus aucune manifestation inquiétante dans la maison neuve d'Olney Court, et, bien que Curwen se rendît très souvent à sa ferme (où il n'emmena jamais sa jeune femme), sa conduite devint presque normale. Une seule personne lui manifesta une hostilité marquée : Ezra Weeden, le jeune officier de marine dont les fiançailles avec Eliza Tillinghast avaient été si brutalement rompues. Il avait juré publiquement de se venger, et s'employait à espionner Curwen avec une opiniâtreté haineuse qui ne présageait rien de bon pour son heureux rival.

Le 7 mai 1765 naquit Ann Curwen. Elle fut baptisée par le Révérend John Graves, de King's Church (le mari et la femme, étant respectivement congrégationaliste et baptiste avaient adopté d'un commun accord l'église épiscopale[3] pour leur fille). On ne trouve pas mention de cette naissance dans la plupart des documents ecclésiastiques et municipaux où elle devrait figurer, et Charles Ward eut beaucoup de mal à la découvrir. Il dut, pour cela, correspondre avec les héritiers du Dr Graves qui, fidèle sujet du roi, avait emporté avec lui un *duplicatum* des registres paroissiaux quand il abandonna son pastorat au moment de la révolution. Ward puisa à cette source parce qu'il savait que sa trisaïeule, Ann Tillinghast Potter, avait appartenu à l'église épiscopale.

---

3. Nom de la confession anglicane aux Etats-Unis (N.d.T.).

Peu de temps après la naissance de sa fille, événement qu'il accueillit avec une ferveur contrastant avec sa froideur habituelle, Curwen décida de poser pour son portrait. Il le fit exécuter par un Écossais plein de talent, nommé Cosmo Alexander, qui résidait à ce moment-là à Newport. On rapporte que l'image fut peinte sur un panneau de la bibliothèque de la maison d'Olney Court. À cette époque, le marchand donna des signes de distraction extraordinaire et passa le plus clair de son temps à la ferme de Pawtuxet Road. Il paraissait en proie à une agitation réprimée, comme s'il attendait un événement phénoménal ou s'il allait faire une étrange découverte dans le domaine de l'alchimie.

Il ne cessa pas d'affecter de prendre un grand intérêt à la vie de la communauté, et ne perdit pas une occasion d'élever le niveau culturel de la ville. En 1763, il avait permis à Daniel Jenckes d'ouvrir sa librairie dont il fut par la suite le meilleur client. De même, il prêta une aide financière substantielle à *La Gazette* qui paraissait tous les mercredis, à l'enseigne de la Tête de Shakespeare. En politique, il se montra farouche partisan du gouverneur Hopkins, contre le parti de Ward (particulièrement puissant à Newport, ville rivale de Providence). Mais Ezra Weeden, qui le surveillait de près, se moquait cyniquement de cette activité extérieure, et jurait qu'elle dissimulait un commerce innommable avec les plus noirs abîmes du Tartare. Chaque fois qu'il était à terre, le jeune homme passait des nuits entières non loin des quais, tenant un canot prêt quand il voyait des lumières briller dans les entrepôts de Curwen, et suivant la petite embarcation qui, parfois, s'éloignait furtivement dans la baie. Il montait aussi la garde près de la ferme de Pawtuxet Road, et fut une fois cruellement mordu par les chiens que les deux domestiques lâchèrent sur lui.

E n juillet 1766 se produisit la dernière métamorphose de Joseph Curwen. Elle fut très soudaine et très remarquée par les habitants de la ville. L'expression d'attente fit place à un air de triomphe exaltant. Le marchand semblait avoir du mal à s'empêcher de discourir en public sur ce qu'il avait découvert, appris ou fait ; mais selon toute apparence, la nécessité de garder le secret l'emporta sur l'envie de faire partager sa joie, car il ne fournit jamais aucune explication. C'est alors que le sinistre savant commença à stupéfier les gens par sa connaissance de faits que seuls leurs ancêtres défunts auraient pu lui communiquer.

Mais les activités clandestines de Curwen ne cessèrent pas pour autant. Au contraire, elles semblèrent s'accroître, si bien que le soin de ses affaires incomba de plus en plus à ses capitaines qui lui étaient attachés par les liens de la peur. Il abandonna complètement le commerce des esclaves, sous prétexte que les bénéfices ne cessaient pas de diminuer. Il passait à sa ferme tout le temps qu'il pouvait, et, selon certaines rumeurs, on le trouvait parfois dans les parages des cimetières. Ezra Weeden, quoique ses périodes d'espionnage fussent nécessairement brèves et intermittentes en raison de ses voyages en mer, avait plus d'opiniâtreté que les campagnards et les gens de la ville ; c'est pourquoi il soumit les affaires de Curwen à une surveillance sans précédent. Plusieurs manœuvres bizarres des vaisseaux du marchand avaient été considérées comme naturelles, à une époque où tous les colons semblaient résolus à lutter contre les dispositions de la loi sur le sucre qui entravait un commerce important. La contrebande était chose commune dans la baie de Narragansett où l'on débarquait de nuit des cargaisons illicites. Mais Weeden, après avoir suivi plusieurs fois les gabares et les sloops qui s'éloignaient furtivement des bassins de Town Street, eut bientôt la certitude que Joseph Curwen n'était pas uniquement soucieux d'éviter les navires armés de Sa Majesté. Avant la métamorphose de 1766, ces embarcations avaient contenu, pour la plupart, des nègres enchaînés que l'on débarquait en un point du rivage juste au nord du village de Pawtuxet, pour les conduire ensuite à la ferme où on les enfermait dans l'énorme bâtiment de pierre dont les fenêtres étaient réduites à d'étroites fentes. À partir de juillet 1766, Curwen cessa d'importer des esclaves, et, pendant un certain temps, il n'y eut plus de navigation nocturne. Puis, vers le printemps de 1767, gabares et sloops recommencèrent à quitter les bassins ; mais, à présent, ils allaient très loin dans la baie, jusqu'à Nanquit Point, où ils recevaient les cargaisons d'étranges navires d'une taille considérable. Ensuite, les marins de Curwen transportaient ces cargaisons jusqu'à la ferme où on les déposait dans le bâtiment de pierre qui servait autrefois de prison aux esclaves ; elles se composaient presque entièrement de caisses dont certaines, lourdes et oblongues, ressemblaient fort à des cercueils.

Weeden surveillait la ferme avec assiduité. Il laissait rarement s'écouler une semaine sans y faire une expédition nocturne, sauf lorsque la neige recouvrait le sol et aurait gardé l'empreinte de ses pas. Afin d'assurer le guet pendant qu'il était en mer, il requit les services d'un compagnon de taverne nommé Eleazar Smith. À eux deux, ils auraient pu répandre des rumeurs extraordinaires. Ils n'en firent rien parce qu'ils jugeaient que la moindre publicité mettrait leur proie en garde et les empêcherait d'aller plus loin. Or, ils désiraient en savoir davantage avant d'agir. En vérité, ils durent apprendre des choses effarantes, et Charles Ward dit plusieurs fois à ses parents combien il regrettait que Weeden eût brûlé ses carnets de notes. Tout ce que l'on sait de leurs découvertes vient du journal intime assez incohérent d'Eleazar Smith et des lettres de certains épistoliers de l'époque ; documents d'où il ressort que la ferme était seulement l'enveloppe extérieure d'une formidable menace dont l'étendue ne pouvait se saisir clairement.

Weeden et Smith furent très tôt persuadés que, sous terre, s'étendait une série de tunnels et de catacombes où vivaient de nombreux serviteurs, outre le vieil Indien et sa femme. La maison d'habitation était un vieux logis du début du XVIIe siècle, avec d'énormes cheminées et des fenêtres treillissées, le laboratoire se trouvant dans un appentis exposé au nord, à l'endroit où le toit atteignait presque le sol. Ce bâtiment était à l'écart de tous les autres ; néanmoins, à en juger par les voix qu'on entendait parfois à l'intérieur, il devait être accessible par des passages souterrains. Jusqu'en 1766, ces voix n'étaient que les murmures et les cris des esclaves, accompagnés de curieuses invocations psalmodiées. Après cette date, elles changèrent de façon terrible acquiescements mornes, explosions de fureur frénétique, gémissements suppliants, halètements avides, cris de protestation. Elles s'exprimaient en différentes langues, toutes connues de Curwen qui proférait d'un ton âpre des menaces ou des reproches.

Parfois, il semblait qu'il y eût plusieurs personnes dans la maison Curwen, quelques captifs, et les gardiens de ces captifs. Des voix s'exprimaient en des langues que ni Weeden ni Smith n'avaient jamais entendues, malgré leur grande connaissance des ports étrangers. Les conversations ressemblaient toujours à une espèce d'interrogatoire : on aurait dit que Curwen arrachait des renseignements à des prisonniers terrifiés ou rebelles.

Weeden n'a pu noter que certaines phrases des dialogues en anglais, en français et en espagnol. En dehors des entretiens où l'on discutait les affaires passées des familles de Providence, la plupart des questions et des réponses portaient sur des sujets historiques ou scientifiques, appartenant parfois à un passé très lointain. Un jour, par exemple, un personnage alternativement furieux et morose fut interrogé en français sur le massacre du Prince Noir à Limoges, en 1370, comme s'il y avait une raison secrète que le prisonnier aurait dû savoir. Curwen demanda à son captif si l'ordre avait été donné à cause du Signe du Bouc découvert sur l'autel de la crypte romaine de la cathédrale, ou parce que l'Homme Noir de la Haute-Vienne avait prononcé les Trois Mots. N'ayant pu réussir à obtenir de réponse, l'inquisiteur avait dû recourir à des moyens extrêmes, car on entendit un cri formidable, suivi par un grand silence et un bruit sourd.

Aucun de ces colloques n'eut de témoin oculaire, les fenêtres étant toujours cachées par de lourds rideaux. Une nuit, pourtant, pendant un discours dans une langue inconnue, Weeden vit apparaître sur un rideau une ombre qui le bouleversa. Elle lui rappela un des personnages d'un spectacle de marionnettes présenté à l'automne de 1764, à Hacher's Hall, par un montreur venu de Germantown, Pennsylvanie, et qui s'intitulait *Vue de la Célèbre Cité de Jérusalem, en laquelle sont représentés Jérusalem, le Temple de Salomon, son Trône Royal, les célèbres Tours et Collines ; ainsi que les Tourments de Notre-Seigneur depuis le Jardin de Gethsémani jusqu'au Calvaire du Golgotha.* Cette nuit-là, l'espion, posté tout contre la fenêtre de la salle de devant où avait lieu la conversation, sursauta si fort qu'il donna l'éveil aux deux serviteurs indiens qui lâchèrent les chiens sur lui. Par la suite, on n'entendit plus jamais parler dans la maison, et Weeden et Smith en conclurent que Curwen avait transféré son champ d'action aux régions souterraines.

Plusieurs détails prouvaient l'existence de celles-ci. Des cris et des gémissements étouffés montaient du sol de temps à autre, en des lieux éloignés de toute habitation ; en outre, on découvrit, cachée dans les buissons au bord de la rivière, à l'endroit où les hautes terres s'abaissent en pente raide jusqu'à la vallée de Pawtuxet, une porte de chêne massif, encastrée dans une arche en maçonnerie, qui donnait accès à des cavernes creusées dans la colline. Weeden fut incapable de dire quand et comment ces catacombes avaient pu être construites ; mais il souligna fréquemment que des ouvriers venus de la rivière pouvaient facilement s'y rendre sans être vus. En vérité, Joseph Curwen faisait faire à ses matelots de singulières besognes ! Pendant les grosses pluies du printemps de 1769, les deux espions guettèrent avec une attention soutenue la berge escarpée de la rivière, pour voir si quelque secret souterrain serait mis à jour par les eaux. Ils furent récompensés de leur patience par le spectacle d'une profusion d'ossements humains et animaux à certains endroits de la rive où la pluie avait creusé de véritables ravins. Naturellement, ceci pouvait paraître normal à proximité d'une ferme d'élevage, dans un coin de pays où abondaient les anciens cimetières indiens ; mais Weeden et Smith aboutirent à des conclusions différentes.

En janvier 1770, alors que les deux jeunes gens se demandaient encore ce qu'ils devaient penser ou faire, se produisit l'incident du *Fortaleza*. Exaspéré par l'incendie criminel du garde-côte *Liberty*, de Newport, au cours de l'été précédent, l'amiral Wallace, commandant la flotte de la douane, avait fait renforcer la surveillance des navires étrangers. En l'occurrence, un jour, à l'aube, la goélette *Cygnet,* sous les ordres du capitaine Harry Leshe, captura, après une brève poursuite, la toue *Fortaleza,* de Barcelone, capitaine : Manuel Arruda, partie du Caire à destination de Providence. Quand on fouilla le navire, on s'aperçut avec stupeur que sa cargaison se composait uniquement de momies égyptiennes adressées au « Matelot

A.B.C. » qui devait venir en prendre livraison dans une gabare au large de Nanquit Point, et dont le capitaine Arruda refusa de révéler l'identité. Le tribunal maritime de Newport se trouva fort embarrassé, car, d'une part, la cargaison n'était pas une denrée de contrebande, mais, d'autre part, le *Fortaleza* avait effectué une entrée illégale. On s'arrêta à un compromis : le bateau fut relâché, avec interdiction de mouiller dans les eaux de Rhode Island. Par la suite, on rapporta qu'on l'avait vu dans les parages du port de Boston, mais il n'y pénétra jamais ouvertement.

Cet incident bizarre ne manqua pas de susciter l'attention des habitants de Providence, dont plusieurs établirent un rapport entre les momies du *Fortaleza* et Joseph Curwen. Les études et les expériences du sinistre vieillard étant connues de tout le monde, ainsi que son goût morbide pour les cimetières, il semblait être le seul citoyen de la ville auquel cette lugubre cargaison pût être destinée. Comme s'il se fût rendu compte de cette opinion, le vieux marchand prit soin de discourir en plusieurs occasions sur la valeur chimique des baumes trouvés dans les momies, pensant peut-être qu'il pourrait donner à cette affaire un aspect à peu près normal tout en n'admettant pas y avoir participé. Quant à Weeden et Smith, naturellement, ils se lancèrent dans les théories les plus extravagantes sur Joseph Curwen et ses monstrueux travaux.

Au printemps suivant, il y eut à nouveau de lourdes pluies, et les deux jeunes gens observèrent avec attention la berge de la rivière derrière la ferme. De grandes étendues de terre furent emportées par les eaux, des ossements furent mis à nu, mais les guetteurs ne virent aucune caverne souterraine. Toutefois, dans le village de Pawtuxet, à un mille en aval, là où la rivière forme une chute par-dessus une terrasse rocheuse, se répandit une rumeur singulière. Les paisibles pêcheurs dont les barques étaient ancrées dans le petit port somnolent, non loin du pont rustique, affirmèrent avoir vu des corps flottants apparaître, l'espace d'une minute, au moment où ils franchissaient la cataracte. Certes, la Pawtuxet est une longue rivière qui serpente à travers plusieurs régions très peuplées où abondent les cimetières, et les pluies avaient été torrentielles. Mais les pêcheurs furent désagréablement impressionnés par le regard fou d'un des corps au moment où il fut projeté au bas de la chute, et par le faible cri poussé par un autre, qui, d'après son état, aurait dû être parfaitement incapable de crier. En apprenant cette nouvelle, Smith, en l'absence de Weeden, se hâta d'aller examiner la berge derrière la ferme, où aurait dû se produire un éboulement considérable. Néanmoins, il ne vit pas la moindre trace d'un passage, car l'avalanche en miniature avait formé une muraille de terre et d'arbustes déracinés.

À l'automne de 1770, Weeden décida que le moment était venu de faire part à d'autres de ses découvertes, car il disposait d'un enchaînement de faits précis et d'un témoin oculaire prêt à garantir que la jalousie et le désir de vengeance n'avaient pas échauffé son imagination. Il prit pour premier confident le capitaine de l'*Entreprise,* James Matthewson, qui, d'une part, le connaissait suffisamment pour ne pas mettre en doute sa véracité, et, d'autre part, avait assez d'influence dans la ville pour être écouté avec respect. L'entretien eut lieu dans une salle de la taverne de Sabin, près du port, en présence de Smith, et le capitaine Matthewson parut très impressionné par les déclarations de son premier lieutenant. Comme tous les autres habitants de Providence, il nourrissait de noirs soupçons à l'égard de Curwen ; il n'avait besoin que de quelques renseignements supplémentaires pour être entièrement convaincu. Il enjoignit aux deux jeunes gens d'observer un silence absolu, se réservant de consulter lui-même une dizaine des notables les plus cultivés de la ville. De toute façon, il faudrait garder le secret, car l'affaire ne pouvait être réglée par la police ou la milice ; par-dessus tout, on devait tenir la foule dans l'ignorance pour éviter une répétition de la terrible panique de Salem qui avait fait partir Curwen pour Providence un siècle auparavant.

Il comptait s'adresser aux personnalités suivantes :

le Dr Benjamin West, auteur d'un traité sur le transit de Vénus ; le révérend James Manning, doyen de l'Université ; l'ex-gouverneur Stephen Hopkins, membre honoraire de la Société philosophique de Newport ; John Carter, éditeur de *La Gazette ;* les quatre frères Brown : John, Joseph, Nicholas et Moïse, magnats de la ville (Joseph étant un chimiste amateur très compétent) ; le vieux Dr Jabez Brown, érudit considérable qui était fort bien renseigné sur les achats bizarres de Curwen ; et le capitaine Abraham Whipple, corsaire d'une énergie et d'une hardiesse phénoménales. Ces hommes, s'ils prêtaient à Matthewson une oreille favorable, pourraient se réunir ensuite afin de décider s'ils devaient consulter, avant d'agir, le gouverneur de la colonie, Joseph Wanton, de Newport.

Le capitaine Matthewson réussit au-delà de ses espérances ; si deux ou trois des notables firent quelques réserves sur le récit de Weeden, tous estimèrent nécessaire d'agir en commun et en secret. Curwen constituait une menace à l'égard de la prospérité de la ville et de la colonie : il fallait à tout prix l'éliminer. À la fin de décembre 1770, il y eut une réunion générale chez Stephen Hopkins. Le capitaine Matthewson lut les notes de Weeden. Celui-ci et son ami Smith furent convoqués pour préciser certains détails. Avant la fin de la conférence, l'assemblée se sentit en proie à une terreur vague ; mais à cette crainte était mêlée une résolution farouche que le capitaine Whipple exprima par des jurons retentissants. On décida de ne rien dire au gouverneur, car il fallait avoir recours à des mesures extralégales. Il pouvait être dangereux de donner l'ordre de quitter la ville à un homme comme Curwen qui semblait disposer de forces surnaturelles. En outre, même s'il obéissait sans exercer de représailles, on n'aurait abouti qu'à transporter la menace dans un autre lieu. Le marchand devait être surpris dans sa ferme par une troupe de corsaires endurcis et on lui donnerait une ultime chance de s'expliquer. Si c'était simplement un fou qui s'amusait à tenir des conversations imaginaires en imitant des voix différentes, on se contenterait de l'enfermer. Si les abominations souterraines s'avéraient bien réelles, Curwen et tous ses serviteurs devaient mourir. Les choses pouvaient se faire sans bruit ; sa veuve et son beau-père ne sauraient jamais ce qui s'était passé.

Pendant que les conjurés discutaient ces mesures, il se produisit dans la ville un incident si terrible, si inexplicable, qu'on en parla longtemps à plusieurs milles à la ronde. Par une nuit de janvier, alors que la lune brillait clair et qu'une épaisse couche de neige recouvrait le sol, on entendit sur la rivière et sur la colline résonner une série de cris affreux ; puis les gens qui habitaient près de Weybosset Point virent une grande forme blanche courir désespérément sur le terrain mal défriché devant la Tête de Turc. Des abois de chiens retentissaient dans le lointain, mais ils se calmèrent dès que la rumeur de la ville éveillée se fit entendre. Des groupes d'hommes munis de lanternes et de mousquets se hâtèrent de gagner les lieux, mais ils ne purent rien découvrir. Cependant, le lendemain matin, un corps gigantesque, bien musclé, complètement nu, fut trouvé sur la glace accumulée contre les piles sud du Grand-Pont, et l'identité du cadavre devint le thème d'innombrables hypothèses. Ceux qui échangèrent des conversations à voix basse à ce sujet étaient tous des vieillards, car le visage rigide aux yeux pleins d'horreur n'éveillait de souvenirs que dans la mémoire des patriarches : or, ces derniers reconnurent dans ce corps aux traits hideux un homme qui était mort plus de cinquante ans auparavant !

Ezra Weeden assista à la découverte du cadavre. Se rappelant les aboiements des chiens entendus la veille, il s'achemina le long de Weybosset Street et traversa le pont de Muddy Dock où les cris avaient retenti. En atteignant la limite du district habité, à l'endroit où la rue débouche sur la route de Pawtuxet, il trouva de curieuses traces dans la neige. Le géant nu avait été poursuivi par des chiens et des hommes bottés, dont les empreintes de pas allaient vers la ville et en repartaient : les chasseurs avaient renoncé à leur poursuite en arrivant près des maisons, Weeden eut un sourire farouche, puis entreprit de suivre la piste jusqu'à son point de départ : comme il s'y attendait, c'était la ferme de Joseph Curwen. Le Dr Bowen, auquel il alla faire aussitôt son rapport, fut complètement décontenancé en effectuant l'autopsie du cadavre. L'appareil digestif semblait n'avoir jamais fonctionné, tandis que la peau avait une texture grossière parfaitement inexplicable. Ayant entendu dire que le corps ressemblait au forgeron Daniel Green, mort depuis bien longtemps, dont le petit-fils, Aaron Hoppin, était un subrécargue au service de Curwen, Weeden s'enquit de l'endroit précis où Green avait été enseveli. Cette nuit-là, dix hommes se rendirent au cimetière du Nord et ouvrirent sa tombe. Conformément à leurs prévisions, elle était vide.

Cependant, on avait pris des dispositions pour intercepter le courrier de Joseph Curwen, et, peu de temps avant la découverte du cadavre nu, une lettre d'un certain Jedediah Orne, de Salem, donna beaucoup à penser aux conjurés. En voici un extrait dont la copie fut trouvée par Charles Ward dans les archives d'une famille de la ville :

Je me réjouis d'apprendre que vous continuez de vous procurer à votre Guise des Choses d'Autrefois, et crois que jamais on ne fit mieux à Salem-Village, chez Mr Hutchinson. Assurément, il n'y avait Rien que de très Abominable dans ce que H. a fait surgir en partant de ce qu'il n'avait pu réunir dans sa totalité. Votre envoi n'a point Opéré, soit parce qu'il manquait Quelque

Chose, soit parce que vos Mots avaient été mal copiés par vous ou mal prononcés par moi. Seul, je me trouve fort Embarrassé. Je ne possède pas vos connaissances en Chymie pour pouvoir suivre Borellus, et je m'avoue déconcerté par le Septième Livre du Necronomicon, *que vous me recommandez. Mais je voudrais vous Remettre en Mémoire ce qui nous avait été dit sur le Soin que nous devons prendre d'évoquer Celui qui convient, car vous avez Connaissance de ce qu'a écrit Mr Mater dans son Magnolia de* ...[4] *, et vous pouvez juger que cette Abomination est relatée par lui en toute Véracité. Je vous le dis encore une fois : n'évoquez Aucun Esprit que vous ne puissiez dominer ; j'entends Aucun Esprit qui, à son Tour, puisse évoquer quelque chose contre vous, par quoi vos Stratagèmes les plus Puissants seraient réduits à néant. Adressez-vous aux Petits, de crainte que les Grands ne veuillent pas Répondre, et ordonnent à votre place. J'ai été pénétré de terreur en lisant que vous saviez ce que Ben Zaristnatmik possède dans son Coffre d'Ébène, car je savais qui avait dû vous le dire. À nouveau, je vous demande de m'écrire au nom de Jedediah et non point de Simon. Il est dangereux de vivre trop longtemps dans cette Communauté, et vous connaissez le Plan par lequel je suis revenu sous la forme de mon Fils. Je désirerais que vous me fassiez Connaître ce que l'Homme Noir a appris de Sylvanus Cocidius dans la Crypte, sous le mur romain, et je vous serais très obligé de vouloir bien me Prêter le manuscrit dont vous parlez.*

Une autre lettre, anonyme celle-là, et venant de Philadelphie, renfermait un passage non moins inquiétant :

Je me conformerai à votre demande de n'envoyer les Comptes que par vos Navires, mais je ne suis pas toujours sûr de la date de leur arrivée. Pour la Question dont vous m'avez parlé, je n'ai besoin que d'une seule chose de plus ; mais je voudrais être sûr de vous avoir bien compris. Vous me dites que nulle Partie ne doit manquer si l'on veut obtenir les meilleurs effets, mais vous n'ignorez pas combien ils est difficile d'avoir une certitude. Ce me paraît un grand Risque et un lourd Fardeau d'emporter toute la Caisse, et, en Ville (c'est-à-dire dans les églises Saint-Pierre, Saint-Paul ou Sainte-Marie),

---

4.Ce mot manque dans l'épître originale.

c'est absolument impossible. Mais je sais quelles Imperfections il y avait dans celui qui fut ressuscité en Octobre dernier, et combien de Spécimens vivants vous avez dû utiliser avant de découvrir la juste Méthode en 1766 ; c'est pourquoi je me laisserai toujours guider par vous en toutes Choses. J'attends l'arrivée de votre brick avec impatience, et je vais aux nouvelles tous les jours au Quai de **Mr Biddle.**

Une troisième lettre suspecte était rédigée dans une langue et un alphabet inconnus. Une seule combinaison de caractères, maintes fois répétée, se trouve gauchement copiée dans le journal intime de Smith, que trouva Charles Ward : des professeurs de l'Université Brown ont déclaré qu'il s'agissait de l'alphabet amharique ou abyssin, mais ils n'ont pas pu identifier le mot. Aucune des épîtres précitées ne fut jamais remise à Curwen ; toutefois, la disparition de Jedediah Orne, de Salem, qui se produisit peu de temps après, montra que les conjurés de Providence surent agir sans bruit. En outre, le Dr Shippen, président de la Société historique de Pennsylvanie, reçut de curieuses lettres au sujet d'un citoyen indésirable de Philadelphie. Mais des mesures plus décisives allaient être prises, et c'est dans les réunions nocturnes des marins et des corsaires dans les entrepôts des frères Brown, que nous devons chercher les fruits des découvertes de Weeden. Lentement et sûrement, on mettait sur pied un plan de campagne qui ne laisserait pas subsister la moindre trace des néfastes mystères de Joseph Curwen.

Ce dernier, malgré toutes les précautions prises. devait se douter de quelque chose, car il avait l'air inquiet et préoccupé. On voyait sa voiture à toute heure, en ville et sur la route de Pawtuxet. Peu à peu, il perdit son expression de cordialité contrainte, par laquelle il avait tenté de lutter contre les préjugés de ses concitoyens. Les plus proches voisins de sa ferme, les Fenner, remarquèrent un soir un grand faisceau de lumière jaillissant du toit du mystérieux bâtiment de pierre aux fenêtres excessivement hautes et étroites, et ils se hâtèrent de communiquer la nouvelle à John Brown. Celui-ci était devenu le chef des conjurés et avait informé les Fenner qu'on s'apprêtait à agir contre Curwen. Il s'était résigné à faire cette communication aux fermiers, car ils assisteraient forcément à l'attaque finale. Il leur expliqua l'expédition projetée en disant que Curwen était un espion des employés de la douane de Newport, contre lesquels tous les armateurs, marchands et fermiers de Providence s'insurgeaient ouvertement ou clandestinement. Nul ne saurait dire si les Fenner ajoutèrent foi à cette déclaration, mais ils avaient vu trop de choses étranges chez leur voisin pour ne pas le charger volontiers d'un péché supplémentaire. Mr Brown leur avait confié le soin de surveiller la ferme de Curwen et de lui rapporter tous les incidents qui s'y produiraient.

L'apparition de cet étrange faisceau lumineux semblait prouver que le marchand allait tenter une entreprise inhabituelle il fallait donc agir sans plus tarder. Selon le journal intime de Smith, une troupe de cent hommes se réunit à dix heures du soir, le 12 avril 1771, dans la grande salle de la taverne de Thurston, à l'enseigne du Lion d'Or, de l'autre côté du pont. Étaient présents parmi les notables John Brown, chef des conjurés ; le président Manning, dépourvu de l'énorme perruque qui l'avait rendu célèbre dans tout le pays ; le Dr Bowen, muni de sa trousse d'instruments chirurgicaux ; le gouverneur Hopkins, enveloppé dans un manteau noir, et accompagné de son frère Esch, qu'il avait mis dans la confidence au dernier moment ; John Carter, le capitaine Matthewson, et le capitaine Whipple qui devaient assurer le commandement des opérations. Ces hommes conférèrent dans une pièce sur le derrière de la taverne ; puis le capitaine Whipple pénétra dans la grande salle et donna les dernières instructions aux marins rassemblés. Eleazar Smith se trouvait avec les chefs dans la pièce de derrière, attendant l'arrivée d'Ezra Weeden qui avait pour mission de surveiller Curwen et de venir annoncer le départ de sa voiture pour la ferme.

Vers 10 heures et demie, on entendit un grondement sourd sur le Grand-Pont, suivi par le bruit d'une voiture dans la rue : le condamné venait de partir pour sa dernière nuit de magie blasphématoire. Quelques instants plus tard Weeden apparut, et les conjurés allèrent s'aligner en bon ordre dans la rue, portant sur l'épaule un mousquet, une canardière ou un harpon à baleine. Les chefs présents pour le service actif étaient le capitaine Whipple, le capitaine Esch Hopkins, John Carter, le président Manning, le capitaine Matthewson et le Dr Bowen. Moses Brown se joignit à eux vers 11 heures. Naturellement, Weeden et Smith faisaient partie du groupe. Ces hommes et leurs cent matelots se mirent en marche sans plus attendre, le cœur plein d'une résolution farouche ; ils gagnèrent, par Broad Street, la route de Pawtuxet. Après avoir dépassé l'église d'Elder Snow, certains se retournèrent pour regarder la ville endormie sous les étoiles. Pignons et clochers se détachaient en noir sur le ciel, et une brise marine soufflait doucement. Vega montait derrière la grande colline de l'autre côté de la rivière. Au pied de cette éminence couronnée d'arbres et tout le long de ses pentes, la vieille cité de Providence rêvait, tandis que certains de ses fils s'apprêtaient à la purger d'un mal monstrueux.

Une heure plus tard, les conjurés arrivèrent chez les Fenner, où on leur fit un dernier rapport sur leur victime. Curwen avait gagné sa ferme une demi-heure auparavant et l'étrange faisceau lumineux avait jailli dans le ciel peu de temps après, mais on ne voyait aucune fenêtre éclairée. Au moment même où les conjurés apprenaient cette nouvelle, une autre lueur fulgurante monta vers le Sud, et ils comprirent qu'ils se trouvaient sur le théâtre d'événements surnaturels. Le capitaine Whipple sépara ses forces en trois groupes : l'un, composé de vingt hommes, sous les ordres d'Eleazar Smith, devait gagner le rivage de la mer et garder le débarcadère en prévision de la venue éventuelle de renforts pour Curwen, et, le cas échéant, servir de réserve ultime ; vingt autres hommes, commandés par le capitaine Esch Hopkins, se glisseraient dans la petite vallée derrière la ferme et démoliraient la porte de chêne massif encastrée dans la rive abrupte ; le troisième groupe devait se concentrer sur la ferme et les bâtiments adjacents. Cette dernière troupe comprenait trois subdivisions : le capitaine Matthewson conduirait la première au mystérieux bâtiment de pierre muni d'étroites fenêtres ; la deuxième suivrait le capitaine Whipple jusqu'à la maison d'habitation ; la troisième encerclerait toute la ferme jusqu'à ce que retentît un signal d'alarme.

Au son d'un seul coup de sifflet, le groupe Hopkins démolirait la porte, puis attendrait et capturerait tout ce qui pourrait venir de l'intérieur. Au son de deux coups de sifflet, il pénétrerait par l'ouverture pour arrêter l'ennemi ou rejoindre le gros des assaillants. Le groupe Matthewson se comporterait d'une façon analogue : il forcerait l'entrée du bâtiment de pierre en entendant un coup de sifflet ; au second coup, il s'introduirait dans tout passage souterrain qu'il pourrait rencontrer, et irait combattre avec les autres. Un signal d'alarme de trois coups de sifflet ferait venir la réserve en train de monter la garde : ses vingt hommes se diviseraient en deux troupes qui envahiraient les profondeurs inconnues sous la ferme et le bâtiment de pierre. Le capitaine Whipple était convaincu de l'existence de ces catacombes. Il avait la certitude que ses signaux seraient entendus et compris par tous. Seule, l'ultime réserve du débarcadère se trouvait hors de portée de son sifflet et nécessiterait l'envoi d'un messager si son aide était requise. Moses Brown et John Carter devaient accompagner le capitaine Hopkins ; le président Manning suivrait le capitaine Matthewson ; le Dr Bowen et Ezra Weeden seraient dans le groupe du capitaine Whipple. L'attaque commencerait sur trois points simultanément, dès qu'un messager de Hopkins aurait averti Whipple que la troupe du débarcadère était à son poste. Les trois divisions quittèrent la ferme des Fenner à 1 heure du matin.

Eleazar Smith, chef du groupe du débarcadère, relate dans son journal une marche paisible et une longue attente près de la baie. À un moment donné, il entendit dans le lointain un bruit étouffé de cris, de hurlements et d'explosions ; ensuite un de ses hommes perçut des coups de feu, et, un peu plus tard, Smith lui-même sentit la pulsation de mots formidables au plus haut des airs. Juste avant l'aube apparut un matelot aux yeux hagards, aux vêtements imprégnés d'une odeur hideuse. Il ordonna aux hommes du détachement de regagner leur logis, de ne jamais souffler mot des événements de la nuit, et de ne plus accorder la moindre pensée à celui qui avait été Joseph Curwen. L'aspect du messager suffit à les convaincre de la véracité de ses paroles : bien qu'il fût connu de plusieurs d'entre eux, il avait perdu ou gagné dans son âme une chose qui faisait de lui à tout jamais un être à part. Ils eurent la même impression un peu plus tard quand ils retrouvèrent de vieux amis qui avaient pénétré dans cette zone d'horreur : tous avaient perdu ou gagné une chose impondérable. Ils avaient vu, entendu ou senti une chose interdite aux humains, et ils ne pouvaient l'oublier. Tous gardèrent un sceau de silence sur les lèvres. Le journal d'Eleazar Smith est le seul compte rendu écrit de cette expédition qui nous soit resté.

Cependant, Charles Ward découvrit quelques renseignements supplémentaires dans des lettres qu'il trouva à New London où avait vécu une autre branche de la famille Fenner. Les Fenner, qui pouvaient voir de chez eux la ferme condamnée, avaient regardé s'éloigner la colonne des assaillants et entendu très nettement les abois furieux des chiens de Curwen, suivis presque aussitôt par le premier coup de sifflet. Dès que celui-ci avait résonné, le faisceau lumineux avait jailli pour la deuxième fois du bâtiment de pierre ; tout de suite après le second coup de sifflet, l'auteur des lettres, Luke Fenner, fils du fermier, avait entendu un crépitement de mousqueterie, suivi par un hurlement si horrible que la mère du jeune homme s'était évanouie. Il fut répété moins fort un peu plus tard ; puis d'autres détonations retentirent, en même temps qu'une violente explosion du côté de la rivière. Une heure après, les chiens se remirent à aboyer, et il y eut des grondements souterrains tellement forts que les chandeliers tremblèrent sur le dessus de la cheminée. Une odeur de soufre se répandit dans l'air ; ensuite un nouveau bruit de mousqueterie se fit entendre, auquel succéda un hurlement moins perçant, mais encore plus horrible que les deux autres.

C'était alors que la créature flamboyante fit son apparition à l'endroit où devait se trouver la ferme de Curwen, en même temps que résonnaient des cris de désespoir et de terreur. Une salve de mousqueterie la fit tomber sur le sol, mais une autre monta aussitôt dans les airs. À ce moment, on perçut avec netteté un cri de douleur violente, et Luke Fenner affirme avoir entendu les mots suivants : « O Tout-Puissant, protège Ton agneau ! » Puis il y eut de nouvelles détonations, et la deuxième créature flamboyante s'abattit à son tour. Après un silence de trois quarts d'heure environ, Arthur Fenner, frère cadet de Luke, s'exclama qu'il voyait « un brouillard rouge » monter de la ferme maudite vers les étoiles. Nul autre que l'enfant ne put témoigner de ce phénomène ; mais Luke reconnaît que, au même instant, les trois chats qui se trouvaient dans la pièce donnèrent des signes de terreur panique.

Cinq minutes plus tard, un vent glacial se leva, et l'air fut imprégné d'une puanteur intolérable, génératrice d'une crainte oppressante plus forte que celle de la tombe ou du charnier. Presque aussitôt retentit la voix formidable que nul de ceux qui l'ont entendue ne pourra jamais oublier. Elle tonna dans le ciel comme la voix même du destin, et les fenêtres vibrèrent tandis que ses derniers échos s'éteignaient. Profonde et harmonieuse, elle était puissante comme un orgue, mais aussi funeste que les livres interdits des Arabes. Elle proférait, dans une langue inconnue, des paroles que Luke Fenner transcrivit de la façon suivante : « deesmees-jeshet-bone-dosefeduvema-entemoss »

39

Jusqu'en 1919, personne ne put identifier cette formule étrange, mais Charles Ward blêmit en reconnaissant ce que Pic de la Mirandole avait dénoncé comme la plus abominable incantation de toute la magie noire.

À ce prodige maléfique sembla répondre un cri humain provenant de la ferme de Curwen ; après quoi la puanteur de l'air s'accrut d'une autre odeur également intolérable. Puis vint une plainte prolongée qui montait et descendait alternativement. Parfois elle devenait presque articulée, bien que nul auditeur ne pût discerner aucun mot nettement défini, et, à un moment donné, elle sembla se transformer en un rire démoniaque. Enfin, il y eut un hurlement d'épouvante et de folie, jailli de vingtaines de gorges humaines ; un hurlement qui résonna fort et clair, malgré la profondeur d'où il devait émaner. Ensuite le silence et l'obscurité régnèrent. Des spirales d'âcre fumée montèrent vers les étoiles, en l'absence de toute flamme, car, le lendemain, on constata que tous les bâtiments de la ferme étaient intacts.

À l'aube, deux messagers effrayés, aux vêtements imprégnés d'une odeur monstrueuse, frappèrent à la porte des Fenner et leur achetèrent un baril de rhum. L'un d'eux déclara que l'affaire Joseph Curwen était terminée, et qu'on ne devait plus jamais parler des événements de la nuit. Bien que cet ordre pût paraître arrogant, l'aspect de celui qui le donna lui prêta une redoutable autorité sans engendrer le moindre ressentiment. C'est pourquoi les lettres de Luke Fenner à son parent du Connecticut sont les seuls documents relatifs à l'expédition ; encore leur auteur avait-il supplié leur destinataire de les détruire, mais elles furent conservées, on ne sait pourquoi, malgré cette requête. Charles Ward put ajouter un autre détail après une longue enquête dans le village de Pawtuxet. Le vieux Charles Slocum lui rapporta que son grand-père avait entendu une étrange rumeur au sujet d'un corps carbonisé découvert dans les champs une semaine après la mort de Joseph Curwen : ce cadavre aux membres convulsés ne ressemblait tout à fait ni à un être humain ni a aucun animal connu...

Huit marins avaient été tués ; leurs cadavres ne furent pas rendus à leurs familles, mais celles-ci se contentèrent de la déclaration qui leur fut faite, d'après laquelle les matelots avaient trouvé la mort dans une bagarre contre les employés de la douane. La même déclaration s'appliquait aux nombreux cas de blessures soignées et bandées par le Dr Jabez Bowen. Il était beaucoup plus difficile d'expliquer l'odeur innommable qui se dégageait des vêtements des assaillants, et on en discuta pendant plusieurs semaines. Le capitaine Whipple et Moses Brown, qui avaient été très grièvement blessés, refusèrent de se laisser panser par leurs femmes, à la grande stupeur de ces dernières. Sur le plan psychologique, tous ces hommes étaient considérablement vieillis et ébranlés. Fort heureusement, c'étaient des âmes simples et très pieuses : s'ils avaient possédé une mentalité plus complexe, on aurait pu craindre de les voir sombrer dans la folie. Le président Manning était particulièrement bouleversé, mais il réussit pourtant à annihiler ses souvenirs grâce à des prières constantes. Tous les autres chefs de l'expédition eurent un rôle important à jouer par la suite, ce qui leur permit de retrouver une certaine sérénité d'esprit. On remit à la veuve de Joseph Curwen un cercueil de plomb scellé, d'une forme bizarre, dans lequel on lui dit que gisait le corps de son mari, tué dans un combat contre les employés de la douane, à propos duquel mieux valait ne pas donner de détails.

C'est là tout ce que l'on sait sur la fin de Joseph Curwen. Charles Ward ne trouva qu'une seule suggestion qui lui permit de bâtir une théorie, à savoir qu'un passage de la lettre de Jedediah Orne à Curwen, copiée par Ezra Weeden, était souligné d'un trait de plume mal assuré. La copie fut trouvée en possession des descendants de Smith. Peut-être Weeden la remît-il à son compagnon, quand l'affaire fut terminée, pour lui fournir une des clés de l'énigme ; peut-être encore Smith possédait-il cette copie avant l'expédition, auquel cas c'est lui qui souligna le passage après avoir questionné adroitement son ami. Voici le texte révélateur :

Je vous le dis encore une fois : n'évoquez Aucun Esprit que vous ne puissiez dominer ; j'entends Aucun Esprit qui, à son Tour, puisse évoquer quelque chose contre vous, par quoi vos Stratagèmes les plus Puissants seraient réduits à néant.

Adressez-vous aux Petits, de crainte que les Grands ne veuillent pas Répondre et ordonnent à votre place.

À la lumière de ce passage, en réfléchissant aux inconcevables alliés perdus qu'un homme aux abois pourrait essayer d'appeler à son aide, Charles Ward se demanda à juste titre si c'était vraiment les citoyens de Providence qui avaient tué Joseph Curwen.

Au début, les chefs de l'expédition ne s'étaient pas proposé d'effacer tout souvenir du mort des annales de Providence, et ils avaient permis à la veuve, à son père et à son enfant d'ignorer la vérité. Mais le capitaine Tillinghast était un homme rusé ; il apprit bientôt assez de choses pour exiger que sa fille et sa petite-fille changent de nom, pour brûler toute la bibliothèque de son gendre, et effacer à coups de ciseau l'inscription sur sa stèle funéraire. À dater de ce moment, on s'employa à faire disparaître la moindre trace du sorcier maudit, comme si l'on eût voulu laisser croire qu'il n'avait jamais existé. Mrs Tillinghast (c'est le nom que porta sa veuve à partir de 1772), vendit la maison d'Olney Court pour aller résider avec son père à Power's Lane jusqu'en 1817, année de sa mort. La ferme de la route de Pawtuxet fut laissée complètement à l'abandon et tomba en ruine avec une inexplicable rapidité. Personne ne s'aventura à percer la masse de végétation, sur la berge de la rivière, derrière laquelle se trouvait la lourde porte de chêne.

Il est à noter que l'on entendit un jour le vieux capitaine Whipple marmonner entre ses dents « Au diable ce f... b... ; il n'avait aucune raison de rire tout en hurlant. On aurait dit qu'il gardait quelque chose en réserve. Pour un peu, je brûlerais Sa f... maison. »

Chapitre 3

Recherche et évocation

Charles Ward, nous l'avons déjà vu, apprit pour la première fois en 1918 qu'il descendait de Joseph Curwen. Il ne faut pas s'étonner qu'il ait manifesté aussitôt un très vif intérêt pour cette mystérieuse affaire, puisque le sang du sorcier coulait dans ses veines. Aucun généalogiste digne de ce nom n'aurait pu faire autrement que se mettre à rechercher aussitôt les moindres renseignements ayant trait au sinistre marchand.

Au début, il n'essaya pas de dissimuler la nature de son enquête. Il en parlait librement avec sa famille (bien que sa mère ne fût guère satisfaite d'avoir un ancêtre comme Joseph Curwen) et avec les directeurs des musées et des bibliothèques où il poursuivait ses recherches. Il usa de la même franchise auprès des familles qui possédaient certains documents, et partagea leur scepticisme amusé à l'égard des auteurs des lettres et des journaux intimes qu'il consulta. Il reconnut maintes fois qu'il aurait donné cher pour savoir ce qui s'était passé, cent cinquante ans auparavant, à la ferme de la route de Pawtuxet (dont il avait essayé vainement de trouver l'emplacement), et ce que Joseph Curwen avait été en réalité.

Quand il eut découvert la lettre de Jedediah Orne dans les archives Smith, il décida de se rendre à Salem, et il réalisa ce projet aux vacances de Pâques de l'année 1919. On le reçut fort aimablement à l'Essex Institute où il put glaner plusieurs renseignements sur son ancêtre. Joseph Curwen était né à Salem-Village (aujourd'hui Danvers), à sept milles de la vieille cité puritaine où s'amoncellent les pignons pointus et les toits en croupe, le 18 février 1662. À l'âge de quinze ans, il avait fui la maison paternelle pour prendre la mer. Neuf ans plus tard, il était revenu s'installer dans la ville de Salem, où l'on observa qu'il avait les manières, les vêtements et le langage d'un

Anglais. À partir de cette époque, il consacra presque tout son temps aux curieux livres rapportés par lui d'Europe, et aux étranges produits chimiques qui lui venaient d'Angleterre, de France et de Hollande. Plusieurs expéditions qu'il fit à l'intérieur du pays suscitèrent beaucoup de curiosité, car elles coïncidaient, murmurait-on, avec l'apparition de feux mystérieux sur les collines, au cœur de la nuit.

Ses seuls amis intimes étaient Edward Hutchinson, de Salem-Village, et Simon Orne, de Salem. Hutchinson possédait une maison presque à l'orée des bois, et sa demeure déplaisait beaucoup à plusieurs personnes en raison des bruits nocturnes qu'on y entendait. On disait qu'il recevait des visiteurs étranges et les lumières qu'on voyait à ses fenêtres n'avaient pas toujours la même couleur. En outre, il manifestait des connaissances surprenantes au sujet de personnes mortes depuis longtemps et d'événements très lointains. Il disparut au début de la persécution des sorcières : à ce même moment, Joseph alla s'installer à Providence. Simon Orne vécut à Salem jusqu'en 1720, année où les gens commencèrent à s'étonner de ne jamais le voir vieillir. Lui aussi disparut ; mais, trente ans plus tard, un homme qui était sa vivante image et prétendait être son fils, vint revendiquer la possession de ses biens. Satisfaction lui fut accordée sur la foi de certains papiers manifestement rédigés et signés par Simon Orne. Jedediah Orne continua à vivre à Salem jusqu'en 1771, date à laquelle le révérend Thomas Barnard et quelques autres, après avoir reçu des lettres de citoyens de Providence, le firent disparaître à jamais.

Ward trouva plusieurs documents concernant ces curieuses affaires à l'Essex Institute, au palais de justice et au greffe de l'état civil. À côté de titres de propriété et d'actes de vente, il y avait des fragments de nature beaucoup plus troublante. Quatre ou cinq allusions particulièrement nettes figuraient sur les comptes rendus du procès des sorcières. Ainsi, le 10 juillet 1692, Hepzibah Lawson jura devant le tribunal présidé par le juge Hatborne que « quarante Sorcières et l'Homme Noir avaient coutume de se réunir dans les Bois derrière la maison de Mr Hutchinson » ; le 8 août de la même année, Amity How déclara au juge Gedney que « Mr G.B., cette Nuit-là, posa la Marque du Diable sur Bridget S., Jonathan A., *Simon O.,* Deliverance W., *Joseph C.,* Susan P., Mehitable C. et Deborah B. »

Il y avait encore un catalogue de la sinistre bibliothèque de Hutchinson, et un manuscrit de lui inachevé, rédigé dans un langage chiffré que personne n'avait pu lire. Ward en fit faire une copie photographique, et se mit en devoir de la déchiffrer, d'abord de façon intermittente, puis avec fièvre. D'après son attitude, on peut conclure qu'il en trouva la clé en octobre ou en novembre, mais il ne dit jamais s'il avait réussi ou non.

Les documents concernant Orne offrirent un grand intérêt dès le début. En peu de temps, Ward fut à même de prouver, d'après l'identité des écritures, une chose qu'il considérait comme établie d'après le texte de la lettre adressée à Curwen : à savoir que Simon Orne et son prétendu fils n'étaient qu'une seule et même personne. Comme Orne l'avait dit à son correspondant, il était dangereux de vivre trop longtemps à Salem ; c'est pourquoi il s'en était allé séjourner pendant trente ans à l'étranger, pour revenir ensuite revendiquer ses terres en qualité de représentant d'une nouvelle génération. Il avait apparemment pris soin de détruire la majeure partie de sa correspondance, mais les citoyens de Salem qui le firent disparaître en 1771 découvrirent et conservèrent certains papiers surprenants : formules et diagrammes cryptiques tracés de sa main, ainsi qu'une lettre mystérieuse dont l'auteur, étant donné son écriture, ne pouvait être que Joseph Curwen.

Bien que cette épître ne fût pas datée, Charles Ward, en se basant sur certains détails, la situa vers 1750. Nous en donnons ci-dessous le texte intégral. Elle est adressée à *Simon Orne,* mais quelqu'un a barré ce prénom.

Providence, le 1er mai.

Frère,

Mon Vieil et Respectable ami, tous mes Respects et Vœux les plus fervents à Celui que nous servons pour votre Puissance Éternelle. Je viens de découvrir ce que vous devriez savoir au sujet de la Dernière Extrémité et de ce qu'il convient de faire à son propos. Je ne suis point disposé à vous imiter et à Partir à cause de mon âge, car Providence ne s'acharne point comme Salem à pourchasser les Êtres hors du commun et à les traduire devant les Tribunaux. J'ai de gros intérêts sur Terre et sur Mer, et je ne saurais agir comme vous le fîtes ; outre cela, ma ferme de Pawtuxet a sous le sol Ce que vous savez, qui n'attendrait pas mon Retour sous une autre forme.

Mais, ainsi que je vous l'ai dit, je suis prêt à subir des revers de fortune, et j'ai longtemps étudié la façon de Revenir après le Suprême coup du Sort. La nuit dernière j'ai découvert les Mots qui évoquent YOGGE SOTHOTHE et j'ai vu pour la première fois ce visage dont parle Ibn Schacabac dans le ...[5]. *Il m'a dit que la Clé se trouve dans le troisième psaume du* Liber Damnatus. *Le soleil étant dans la cinquième Maison, et Saturne en Trine, tracez le Pentagramme de Feu, et récitez par trois fois le neuvième Verset. Répétez ce Verset le Jour de la Sainte-Croix et la Veille de la Toussaint, et la Chose sera engendrée dans les Sphères Extérieures.*

Et de la Semence d'Autrefois naîtra Celui qui regardera en Arrière sans savoir ce qu'il cherche.

Cependant ceci ne servira à Rien s'il n'y a point d'Héritier et si les Sels ou la Façon de fabriquer les Sels, ne se trouvent pas Prêts pour Lui. Et ici, je dois le reconnaître, je n'ai pas pris les Mesures nécessaires et n'ai pas découvert Beaucoup. Le Procédé est difficile à atteindre, et il fait une telle Consommation de Spécimens que j'éprouve de grandes difficultés à en obtenir Suffisamment, malgré les Marins qui me viennent des Indes. Les Gens d'ici deviennent curieux, mais je puis les tenir à l'écart. Les bourgeois sont pires que la Populace car ils agissent de façon plus Subtile et on croit davantage à leurs paroles. Le Pasteur et Mr Merritt ont trop parlé, je le crains, mais, jusqu'à présent, Rien ne semble Dangereux. Les Substances Chimiques sont faciles à trouver, car il y a deux bons Chimistes dans la Ville : le Dr Bowen et Sam Carew. Je suis les instructions de Borellus, et je trouve grand secours dans le septième Livre d'Abdul-Al-Hazred. Quoi que j'obtienne, vous le recevrez. En attendant, ne négligez pas d'utiliser les Mots que je vous ai donnés. Si vous Désirez Le voir, ayez recours à ce qui est Écrit sur le Feuillet que je mets dans ce paquet. Dites les Versets chaque Veille de Toussaint et du jour de la Sainte-Croix ; et si votre Lignée ne s'éteint pas, dans les années futures viendra Celui qui regardera en arrière, et utilisera les Sels que vous lui laisserez. (Job, XIX, XIV.)

Je me réjouis de vous savoir de retour à Salem, et j'espère vous voir d'ici peu. J'ai un bon Étalon, et je me propose d'acheter une Voiture, encore que les Routes soient mauvaises. Si

---

5. Ce mot manque dans l'épître originale.

vous êtes disposé à voyager, ne manquez point de venir me voir. Prenez à Boston la malle-poste qui passe par Dedham, Wrentham et Attleborough, toutes villes où vous trouverez d'excellentes tavernes. Entrez à Providence par les chutes de Patucket. Ma Maison est située en face de la Taverne de Mr Epenetus Olney ; c'est la première du côté nord d'Olney Court.

Monsieur, je suis votre fidèle ami et Serviteur En Almonsin-Metraton.

JOSEPHUS CURWEN.

À Mr Simon Orne
William's-Lane, Salem.

Chose curieuse, cette lettre fut le premier document qui fournit à Charles Ward l'emplacement exact de la maison de Curwen. La découverte était doublement frappante, car la bâtisse à laquelle elle faisait allusion à savoir la maison neuve construite en 1761 à la place de l'ancienne était une vieille demeure délabrée encore debout dans Olney Court, et que le jeune archéologue connaissait fort bien. Elle se trouvait à peu de distance de sa propre maison, sur la partie haute de Stampers Hill, et servait à présent de logis à un couple de nègres qui faisaient des lessives ou des ménages. Ward résolut d'aller visiter ce lieu dès son retour de Salem. Les parties mystiques de la lettre, dans lesquels il crut déceler un symbolisme extravagant, le déconcertèrent totalement. Néanmoins, il remarqua, en frémissant de curiosité, que le passage de la Bible mentionné par Curwen *(Job,* 19, 14) était le verset bien connu : « Si un homme meurt, revivra-t-il ? Pendant tout le temps qui me sera alloué, j'attendrai jusqu'à ce que vienne mon remplacement ! »

Le jeune Ward regagna Providence dans un état d'agitation fort agréable, et il passa le samedi suivant à examiner en détail la maison d'Olney Court. Cette demeure délabrée était une modeste bâtisse de deux étages et demi, de style colonial, au toit pointu, à la grande cheminée centrale, à l'entrée artistiquement sculptée surmontée d'une fenêtre en demi-cercle, au fronton triangulaire soutenu par des colonnes doriques. Elle n'avait pas beaucoup souffert des atteintes du temps à l'extérieur, et Ward sentit qu'il contemplait une chose touchant de près le sinistre objet de sa quête.

Il connaissait fort bien les habitants du logis, et fut courtoisement reçu par le vieil Asa et sa femme Hannah. L'intérieur de la maison avait beaucoup changé. Ward constata à regret que la moitié des beaux dessus de cheminée et des sculptures des armoires avait disparu, tandis que les boiseries et les moulures des panneaux des portes étaient presque toutes rayées, déchiquetées ou recouvertes de tapisserie bon marché. D'une façon générale, cette visite n'apporta pas à Ward les révélations auxquelles il s'était attendu, mais il se sentit très ému de se trouver à l'intérieur des murs qui avaient abrité un homme aussi terrible que Joseph Curwen. Il frissonna en voyant qu'on avait soigneusement fait disparaître un monogramme sur le vieux heurtoir en cuivre de la porte.

À partir de ce moment, il consacra tout son temps à étudier la copie du manuscrit chiffré de Hutchinson et les divers papiers concernant l'affaire Curwen. Le manuscrit demeura indéchiffrable ; mais dans les autres documents, le jeune archéologue trouva des indications si précieuses qu'il entreprit un voyage à New London et à New York pour consulter des lettres dont la présence dans ces villes était mentionnée. Cette expédition fut très fructueuse ; en effet, elle lui apporta la correspondance de Luke Fenner, décrivant l'attaque de la ferme de Pawtuxet Road, et la correspondance Nightingale-Talbot qui lui révéla l'existence du portrait peint sur un panneau de la bibliothèque de Curwen. Ce dernier détail l'intéressa particulièrement, car il aurait donné beaucoup pour savoir quel était le visage de son ancêtre, et il décida d'effectuer une seconde inspection de la maison d'Olney Court, afin d'essayer de trouver trace de son image sous des couches de peinture ou de tapisserie.

Il commença ses recherches au début d'août et il examina soigneusement les murs de toutes les pièces assez spacieuses pour avoir pu servir de bibliothèque. Au bout d'une heure, au-dessus de la cheminée d'une vaste salle du rez-de-chaussée, il s'aperçut qu'une assez grande partie du mur était recouverte de plusieurs couches de peinture qui, aux endroits où elles s'écaillaient, révélaient une surface sensiblement plus sombre que ne l'eût été celle du bois au-dessous. Après avoir utilisé avec précaution un couteau à lame très mince, Ward comprit qu'il venait de découvrir un grand portrait à l'huile. Craignant de l'endommager en essayant de détacher lui-même les couches de peinture, il quitta la maison pour se mettre en quête d'un expert. Trois jours plus tard, il revenait avec un artiste expérimenté, Mr Walter Dwight, qui se mit aussitôt à l'œuvre en utilisant les méthodes et les produits chimiques adéquats. Le vieil Asa et sa femme manifestèrent une grande agitation pendant toute la durée du travail, et reçurent une certaine somme d'argent en dédommagement de cette invasion de leur domicile.

À mesure que la restauration s'effectuait, jour après jour, Charles Ward regardait avec un intérêt croissant les contours et les couleurs apparaître graduellement. Dwight ayant commencé par le bas, le visage resta caché jusqu'à la fin. En attendant, on put voir que le modèle était un homme maigre et bien fait, vêtu d'un habit bleu sombre, d'un gilet brodé, de culottes courtes en satin noir, de bas de soie blanche, assis dans un fauteuil sculpté, sur un arrière-plan de quais et de navires. Lorsque la tête apparut, Ward et l'artiste constatèrent que cette figure maigre et pâle, surmontée d'une perruque, leur semblait vaguement familière. Mais après le dernier bain d'huile et l'ultime coup de grattoir, l'artiste et son client restèrent béants de stupeur, car le visage de Charles Dexter Ward était l'exacte réplique de celui de son terrible aïeul...

Le jeune homme montra à ses parents la merveille qu'il avait découverte, et son père décida aussitôt d'acheter le portrait. Mrs Ward, qui présentait fort peu de traits communs avec Joseph Curwen, ne sembla pas trouver cette peinture à son goût et conseilla à son mari de la brûler, car elle avait quelque chose de malsain, non seulement en elle-même, mais encore en raison de son extraordinaire ressemblance avec Charles. Mais

Mr Ward, riche propriétaire de manufactures de coton dans la vallée de Pawtuxet, était un homme à l'esprit pratique, et fit la sourde oreille. Le portrait lui plaisait beaucoup, et il estimait que son fils méritait de le recevoir comme cadeau. Naturellement, Charles partagea cette opinion. Quelques jours plus tard, Mr Ward alla trouver la propriétaire de la maison et lui acheta pour un bon prix le panneau portant le portrait et le dessus de cheminée qu'il dominait.

Il ne restait plus qu'à enlever la précieuse boiserie et à la transporter chez les Ward où on l'installerait dans le bureau de Charles, au troisième étage, au-dessus d'une fausse cheminée. Le 28 août, le jeune homme conduisit deux habiles ouvriers décorateurs à la maison d'Olney Court, où, sous sa direction, la besogne s'effectua sans encombre. Dans la maçonnerie de brique masquant le tuyau de la cheminée, Ward observa alors un alvéole cubique d'environ un pied carré, qui avait dû se trouver juste derrière la tête du portrait. Il s'approcha pour voir ce qu'il pouvait bien renfermer, et, sous un amas de papiers jaunis couverts de suie et de poussière, il découvrit un gros cahier où étaient encore fixés les restes moisis du ruban qui avait servi à nouer les feuillets. Sur la couverture, le jeune archéologue lut ces mots tracés d'une écriture qu'il avait appris à bien connaître à l'Essex Institute: *Journal et Notes de Jos. Curwen, Bourgeois de Providence, ex-citoyen de Salem.*

Bouleversé par sa trouvaille, Ward montra le cahier aux deux ouvriers. Ceux-ci témoignèrent par la suite de l'authenticité de la découverte, et le Dr Willett se basa sur leur déclaration pour affirmer que le jeune homme n'était pas fou au moment où il commença à se conduire de façon très excentrique. Tous les autres papiers étaient également de la main de Curwen. L'un d'eux avait pour titre : *À Celui qui Viendra Après Moi, Et Comment Il Pourra Aller Au-Delà du Temps et des Sphères.* Un autre était chiffré. Un troisième semblait donner la clé du chiffre. Le quatrième et le cinquième étaient adressés respectivement à « Edw. Hutchinson, Armiger » et « Jedediah Orne, Esq. », « ou à Leurs Héritiers, ou à Leurs Représentants ». Le sixième et dernier s'intitulait : *La Vie et les Voyages de Joseph Curwen entre les années 1678 et 1687 : Où Il A Voyagé, Où Il A Séjourné, Qui Il A Vu, et Ce Qu'il A Appris.*

Nous sommes arrivés maintenant à la période qui, selon certains aliénistes, marque le début de la folie de Charles Ward. Dès qu'il eut découvert les documents, le jeune homme y jeta un coup d'œil rapide et dut y voir quelque chose qui produisit une violente impression sur lui. En fait, lorsqu'il montra les titres aux deux ouvriers, il prit grand soin de leur dissimuler les textes, et manifesta un trouble que le seul intérêt archéologique de sa trouvaille ne suffisait pas à justifier. Rentré chez lui, il annonça la nouvelle d'un air embarrassé, comme s'il voulait donner une idée de son importance sans en produire la preuve. Il ne montra même pas les titres à ses parents ; il se contenta de leur dire qu'il avait trouvé des documents écrits de la main de Joseph Curwen, « presque tous chiffrés », qu'il lui faudrait étudier avec soin avant d'en pénétrer le sens.

Il passa toute cette nuit à lire les différents papiers, enfermé dans sa chambre, et, le jour venu, il poursuivit sa besogne. Quand sa mère, alarmée, vint s'enquérir de ce qui se passait, il la pria instamment de lui faire monter ses repas. Au cours de l'après-midi, il fit une courte apparition lorsque les ouvriers vinrent installer le portrait et le dessus de cheminée dans son bureau. La nuit suivante, il dormit par intermittence, tout habillé, et continua à étudier fiévreusement le cryptogramme. Le lendemain matin, sa mère le vit travailler sur la copie photographique du manuscrit Hutchinson qu'il lui avait souvent montré auparavant ; mais en réponse à une de ses questions, il lui dit que la clé du chiffre de Curwen ne s'appliquait pas à celui-ci. Dans l'après-midi, il alla regarder les ouvriers qui achevaient de placer le portrait dans son bureau, au-dessus d'une fausse cheminée faite de panneaux de bois disposés à quelque distance du mur nord. On posa une bûche électrique dans l'âtre pour donner l'illusion d'une cheminée réelle. Le panneau où était peint le portrait fut monté sur des charnières, de façon à ménager derrière un espace vide. Quand tout fut fini, Charles Ward transporta son travail dans son bureau et s'installa face au tableau qui le regardait comme un miroir vieillissant. Ses parents, lorsqu'ils se rappelèrent plus tard sa conduite à cette époque, fournirent des renseignements intéressants sur sa méthode de dissimulation. Devant les domestiques, il cachait rarement les papiers qu'il étudiait, car il estimait à juste titre que l'écriture compliquée de Curwen serait illisible pour eux. À l'égard de ses parents, au contraire, il se montrait beaucoup plus circonspect. Sauf si le manuscrit en cours d'étude était un cryptogramme, ou encore une suite de symboles mystérieux (comme celui qui avait pour titre : À Celui Qui Viendra Après Moi..., etc.), il le recouvrait d'un papier quelconque jusqu'à ce que son visiteur se fût retiré. La nuit, ou bien quand il quittait la pièce, il enfermait tous ses documents dans un petit cabinet. Il reprit bientôt des habitudes et un emploi du temps normaux, mais il cessa de s'intéresser aux promenades archéologiques. La réouverture de l'école où il devait faire sa dernière année parut l'ennuyer considérablement et il exprima à maintes reprises sa résolution de ne pas entrer à l'Université : il avait à faire, déclara-t-il, des recherches plus importantes qui lui apporteraient un bagage de connaissances considérable.

Ward ayant toujours vécu en savant et en ermite, ses parents ne furent guère surpris de le voir s'enfermer pour travailler jour après jour. Néanmoins, ils jugèrent bizarre qu'il ne leur montrât jamais rien de sa merveilleuse trouvaille et ne leur fît part d'aucun fait qu'il aurait pu découvrir dans ses papiers. Il expliqua sa réticence en déclarant qu'il voulait d'abord arriver à une révélation complète ; mais à mesure que les semaines passaient sans rien apporter de nouveau, une espèce de gêne s'établit entre le jeune homme et sa famille.

Au cours du mois d'octobre, Ward se remit à fréquenter les bibliothèques, mais ce fut pour y consulter uniquement des ouvrages de magie, d'occultisme et de démonologie. Lorsque les ressources de Providence s'avéraient insuffisantes, il prenait le train pour Boston où il exploitait les richesses de la grande bibliothèque de Copeley Square, la Widener Library de Harvard, ou la Zion Research Library de Brookline dans laquelle on trouve certains livres rares sur des sujets bibliques. Il acheta plusieurs volumes traitant du surnaturel, et, pendant les vacances de Noël, il fit plusieurs voyages hors de la ville, y compris une visite à l'Essex Institute de Salem.

Vers le milieu de janvier 1920, Ward adopta une attitude triomphale et cessa de déchiffrer le manuscrit Hutchinson. Dès lors, il se consacra à deux activités : l'étude de la chimie et la chasse aux documents officiels. Il installa un laboratoire dans la mansarde de sa maison, et consulta toutes les statistiques municipales de Providence. Les marchands de drogues et d'appareils scientifiques, quand on les questionna plus tard, fournirent d'étranges listes, apparemment incohérentes, des produits et des instruments qu'il acheta. Mais les employés de la bibliothèque de la Maison du Gouverneur et de l'Hôtel de Ville sont d'accord sur le but de sa deuxième activité : il cherchait avec fièvre la tombe de Joseph Curwen, tâche très difficile puisque le nom du sorcier avait été effacé à coups de ciseau sur sa stèle funéraire.

Peu à peu, ses parents acquirent la conviction qu'il se passait quelque chose d'anormal. Charles s'était déjà passionné en d'autres temps, pour différents sujets d'étude, mais cette dissimulation et cette quête ne lui ressemblaient pas. Il ne manifestait plus aucun intérêt pour son travail scolaire, quoiqu'il réussît toujours à passer ses examens. Ou bien il s'enfermait dans son laboratoire avec une vingtaine d'anciens traités d'alchimie, ou bien il examinait les actes de décès du temps passé dans les archives municipales, ou bien encore il étudiait des livres de sciences occultes dans son bureau, sous le regard impassible du portrait de Joseph Curwen dont le visage paraissait de plus en plus semblable au sien.

À la fin mars, il entreprit une série de promenades dans les vieux cimetières de Providence. Les employés de l'Hôtel de Ville révélèrent plus tard qu'il avait dû trouver un indice important à ce moment-là. Il ne cherchait plus la tombe de Joseph Curwen, mais celle d'un certain Naphtali Field. Ce changement d'intérêt s'expliqua lorsque les enquêteurs, en examinant les dossiers étudiés par Ward, découvrirent un bref compte rendu de l'enterrement de Curwen relatant que le curieux cercueil de plomb avait été enseveli « à dix pieds au sud et à cinq pieds à l'ouest de la tombe de Naphtali Field dans le... » L'absence du nom du cimetière compliquait beaucoup les recherches, mais comme la stèle de Naphtali Field devait être intacte, on pouvait raisonnablement espérer la trouver en visitant plusieurs champs de repos.

Ce fut vers le mois de mai que le Dr Willett, à la requête de Mr Ward, eut une conversation sérieuse avec le jeune homme. Si l'entretien ne fut guère fructueux (car Willett sentit que son interlocuteur était tout à fait maître de lui), il obligea Charles Ward à donner une explication rationnelle de sa conduite récente. Il semblait tout prêt à parler de ses recherches, mais non pas à en révéler l'objet. Il déclara que les papiers de son aïeul contenaient des secrets scientifiques remarquables, pour la plupart rédigés en langage chiffré. Cependant, ils étaient dépourvus de sens sauf quand on les juxtaposait avec un ensemble de connaissances complètement tombées en désuétude aujourd'hui ; si bien que leur présentation immédiate à un monde uniquement pourvu de science moderne leur enlèverait toute leur importance. Pour qu'ils puissent prendre leur place éminente dans l'histoire de la pensée humaine il fallait les mettre en corrélation avec leur arrière-plan du temps passé, et c'était à cette besogne que Ward se consacrait présentement. Il cherchait à acquérir les arts d'autrefois que devait posséder un interprète consciencieux des documents de Curwen ; et il espérait, en temps voulu, faire une révélation d'un intérêt prodigieux.

Quant à ses promenades dans les cimetières, il les expliqua de la façon suivante : il avait tout lieu de penser que la stèle mutilée de Joseph Curwen portait encore des symboles mystiques, sculptés d'après certaines instructions de son testament qui étaient absolument nécessaires à la solution définitive de son système de chiffres. L'étrange marchand avait voulu garder son secret avec soin et, en conséquence, il avait réparti les données du problème de façon très curieuse. Lorsque le Dr Willett demanda à voir les papiers mystiques, Ward manifesta beaucoup de répugnance ; finalement il lui montra la page de titre du *Journal et Notes,* le cryptogramme et le message plein de formules : *À Celui Qui Viendra Après Moi.*

Il ouvrit également le journal à une page soigneusement choisie pour son caractère inoffensif. Le docteur examina avec attention l'écriture presque illisible de Curwen ; la graphie et le style étaient ceux d'un homme du XVIIe siècle, bien que le scripteur eût vécu jusque vers la fin du XVIIIe siècle. Le texte lui-même semblait assez banal, et Willett ne put en retenir qu'un fragment.

Mercredi, 16 octobre 1754. — *Ma goélette* Wahefal *est arrivée aujourd'hui de Londres avec XX Hommes nouveaux enrôlés aux Antilles, des Espagnols de la* Martinique *et des Hollandais de Surinam. Les Hollandais menacent de Déserter car ils ont entendu dire du Mal de ces Expéditions, mais je veillerai à les persuader de Rester. Pour* Mr Knight Dexter, *à l'Enseigne du Laurier et du Livre, 220 pièces de Chamblet, 20 pièces de Molleton bleu, 50 pièces de Calmande. Pour* Mr Green, *à l'Enseigne de l'Elephant, 20 Bassinoires et 10 paires de Pincettes. Pour* Mr Perrings, *un jeu d'Alènes. Pour* Mr Nightingale, *50 Rames de Papier de première qualité. Ai Récité le* Sabaoth *trois fois la* Nuit dernière, *mais rien n'est apparu. Il faut que j'aie d'autres nouvelles de* Mr H. *en Transylvanie, bien qu'il soit Difficile de l'atteindre et qu'il me paraisse fort étrange qu'il ne me puisse communiquer l'usage de ce qu'il utilise si bien depuis trois cents ans. Simon ne m'a pas écrit depuis V semaines, mais j'espère recevoir bientôt une lettre de lui.*

En arrivant à ce passage, le Dr Willett tourna la page, mais Ward lui arracha le cahier des mains. Le praticien eut à peine le temps de parcourir du regard deux phrases qui, chose bizarre, se gravèrent tenacement dans sa mémoire :

Le Verset du Liber Damnatus *ayant été récité pendant V Jours de la Sainte-Croix et IV Veilles de Toussaint, j'Espère que la Créature est en train de Naître à l'Extérieur des Sphères. Elle attirera Celui qui doit Venir si je peux faire en sorte qu'il soit, et il pensera aux choses du Passé et regardera en arrière, en prévision de quoi je dois tenir en réserve les Sels ou de quoi les fabriquer.*

Pour le Dr Willett, ces mots semblèrent prêter une vague terreur au visage peint de Joseph Curwen qui regardait d'un air affable du haut du panneau au-dessus de la cheminée. Il eut l'impression bizarre que les yeux du portrait exprimaient le désir de suivre le jeune Ward tandis que celui-ci se déplaçait dans la pièce. Avant de se retirer, le praticien s'arrêta pour examiner le tableau de près, s'émerveillant de sa ressemblance avec Charles et gravant dans sa mémoire les moindres détails du visage blême, jusqu'à une légère cicatrice sur le front au-dessus

55

de l'œil droit. Il décida que Cosmo Alexander était vraiment un grand peintre.

Le médecin ayant affirmé que Charles jouissait d'une parfaite santé mentale et que, d'autre part, il poursuivait des recherches qui pouvaient être très importantes, les Ward se montrèrent assez indulgents quand leur fils, au mois de juin, refusa catégoriquement de s'inscrire à l'Université. Il avait, déclara-t-il, des études plus intéressantes à faire, et désirait voyager à l'étranger au cours de l'année suivante afin de se procurer certains documents qui n'existaient pas en Amérique. Le père Ward s'opposa à ce dernier projet qu'il jugeait absurde de la part d'un jeune homme de dix-huit ans, mais il consentit à ce que son fils abandonnât ses études universitaires. En conséquence, après avoir passé son examen final à l'école Moses Brown, Charles put se consacrer à loisir pendant trois ans à ses livres occultes et à ses recherches dans les cimetières. Les gens apprirent à le tenir pour un original fieffé, et il cessa presque entièrement de voir les amis de sa famille. Il n'abandonnait son travail que pour aller consulter les archives d'autres villes. Un jour, il partit vers le Sud pour conférer avec un vieux mulâtre qui vivait dans un marécage, et au sujet duquel un article avait paru dans un journal. Une autre fois, il s'en fut dans un petit village des Adirondacks où il avait entendu dire qu'on célébrait d'étranges cérémonies. Néanmoins, ses parents continuèrent à lui interdire le voyage en Europe qu'il désirait tant faire.

Il put réaliser son projet en avril 1923, époque où il atteignit sa majorité peu de temps après avoir hérité de son grand-père maternel. Il ne dit rien de l'itinéraire qu'il se proposait de suivre, mais il promit à ses parents de leur écrire souvent et longuement. En juin, le jeune homme s'embarqua à destination de Liverpool, avec la bénédiction de son père et de sa mère qui l'accompagnèrent jusqu'à Boston. Des lettres les informèrent bientôt qu'il avait fait une bonne traversée et s'était installé dans un appartement confortable de Great Russell Street, à Londres, où il avait l'intention de rester jusqu'à ce qu'il eût épuisé les ressources du British Museum. Il ne disait pas grand-chose de sa vie quotidienne, car il n'avait vraiment pas grand-chose à dire. Il consacrait tout son temps à l'étude, et avait installé un laboratoire dans une pièce de son logement.

En juin 1924, il annonça son départ pour Paris où il s'était déjà rendu deux ou trois fois en avion pour consulter des documents à la Bibliothèque Nationale. Pendant les trois mois suivants, il se contenta d'envoyer des cartes postales, donnant une adresse dans la rue Saint-Jacques et mentionnant qu'il faisait des recherches dans la bibliothèque d'un collectionneur de manuscrits rares. En octobre, après un long silence, une carte de Prague apprit aux Ward que Charles se trouvait dans cette ville pour s'entretenir avec un très vieil homme qui était censé posséder de très curieux documents médiévaux. En janvier, plusieurs cartes de Vienne mentionnèrent qu'il s'apprêtait à gagner une région plus à l'est où un de ses correspondants l'avait invité.

De Klansenbourg, en Transylvanie, il écrivit qu'il allait rejoindre un certain baron Ferenczy dont le domaine se trouvait dans les montagnes à l'est de Rakus. Une semaine plus tard, il annonçait que la voiture de son hôte était venue le prendre au village et qu'il partait pour le château. À dater de ce jour, il observa un silence complet. Il ne répondit pas aux nombreuses lettres de ses parents jusqu'au mois de mai, et, à ce moment-là, ce fut pour faire savoir à sa mère qu'elle devait renoncer à le rencontrer à Paris, à Londres ou à Rome, au cours d'un voyage en Europe que les Ward avaient l'intention de faire pendant l'été. Ses recherches, disait-il, étaient d'une telle nature qu'il ne pouvait quitter sa résidence actuelle, et, d'autre part, l'emplacement du château de son hôte ne favorisait guère les visites. Il se trouvait perché sur un roc escarpé, au milieu d'une forêt, et les gens du pays évitaient d'en approcher. En outre, l'aspect et les manières du baron risquaient fort de déplaire à d'honnêtes bourgeois de la Nouvelle-Angleterre, et il était d'un si grand âge qu'il inspirait une espèce d'inquiétude. Il valait mieux, concluait Charles, que ses parents attendent son retour à Providence.

En mai 1925, le jeune voyageur entra dans le port de New York à bord du *Homeric*. Il gagna ensuite sa ville natale en autocar, et, tout le long du trajet, il contempla avec délices les collines ondulées, les vergers en fleurs et les villes aux blancs clochers du Connecticut. Quand le véhicule, au terme d'un après-midi ensoleillé, entra dans Providence en suivant Elmwood Avenue, le cœur de Charles Ward se mit à battre violemment. Au croisement de Broad Street, Weybosset Street et Empire Street, il vit au-dessous de lui les maisons, les dômes et les clochers de la vieille ville, baignés dans la lumière du crépuscule ; et il fut pris d'une sorte de vertige lorsque l'autocar s'arrêta au terminus, derrière le Biltmore, révélant au regard, sur l'autre berge de la rivière, l'antique colline ronde couverte d'un doux manteau de verdure.

Devant ce spectacle, le jeune homme se sentit plein d'amour pour l'antique cité de Providence. C'étaient les forces mystérieuses de sa longue histoire qui avaient fait de lui ce qu'il était, qui l'avaient entraîné en arrière vers des merveilles et des secrets auxquels nul prophète ne pouvait assigner de limites. Un taxi l'emmena à toute allure en direction du Nord et s'arrêta enfin devant le porche de la grande maison de briques où il était né. Le soleil allait disparaître ; Charles Dexter Ward était de retour au logis.

Une école d'aliénistes moins académique que celle du Dr Lyman prétend que le début de la vraie folie de Ward date de son voyage en Europe. En admettant qu'il fût sain d'esprit lors de son départ, sa conduite à son retour montre un changement désastreux. Mais le Dr Willett repousse cette théorie. Il attribue les bizarreries du jeune homme à la pratique de certains rites appris à l'étranger, sans admettre pour autant que ce fait implique une aberration mentale de la part de l'officiant. Ward, bien qu'il parût nettement plus âgé, avait encore des réactions normales : au cours de plusieurs conversations avec Willett, il fit preuve d'un équilibre que nul dément n'aurait pu feindre pendant longtemps. Si l'on put croire à la folie à cette époque, ce fut à cause de ce qu'on entendait à toute heure dans le laboratoire où le jeune homme passait le plus clair de son temps. Il y avait des chants psalmodiés et des déclamations tonitruantes sur des rythmes étranges ; et bien que ce fût la voix de Ward qui proférât ces sons, on discernait dans ses accents une qualité surnaturelle qui glaçait le sang dans les veines des auditeurs. On observa que Nig, le vénérable chat du logis, hérissait son poil et faisait le gros dos lorsqu'il entendait certaines intonations.

Les odeurs émanant parfois du laboratoire semblaient, elles aussi, fort étranges. Parfois pestilentielles, elles étaient le plus souvent aromatiques et paraissaient posséder le pouvoir de faire naître des images fantastiques. Les gens qui les sentaient voyaient le mirage d'énormes perspectives, avec d'étranges collines, ou d'interminables avenues de sphinx et d'hippogriffes. Ward ne recommença pas ses promenades d'autrefois, mais s'absorba dans les livres qu'il avait rapportés de ses voyages ; il expliqua que les sources européennes avaient considérablement élargi les possibilités de sa tâche, et il promît de grandes révélations pour les années à venir. Le vieillissement de son visage accusait d'une façon frappante sa ressemblance avec le portrait de Joseph Curwen, et le Dr Willett, au terme de chacune de ses visites à Charles Ward, songeait avec stupeur que la petite cicatrice au-dessus de l'œil droit du portrait était la seule différence entre le sorcier défunt et le jeune homme vivant. Ces visites, faites par le praticien à la requête des parents de Charles, avaient un caractère assez curieux. Ward ne repoussait pas le médecin, mais ce dernier comprenait fort bien qu'il ne pourrait jamais connaître la psychologie du jeune homme. Il observait souvent d'étranges choses dans la pièce : petites figurines de cire sur les tables ou les rayonnages ; traces de cercles, de triangles et de pentagrammes, dessinés à la craie ou au fusain au centre du plancher. Et, toutes les nuits, on entendait retentir les incantations tonitruantes, si bien qu'il devint très difficile de garder des domestiques ou d'empêcher de murmurer que Charles Ward était fou.

Un soir de janvier 1927, vers la mi-nuit, alors que le jeune homme psalmodiait un rituel dont la cadence fantastique résonnait dans toute la maison, une rafale glacée souffla de la baie, et la terre trembla légèrement. En même temps, le chat manifesta une terreur extraordinaire et les chiens aboyèrent à un mille à la ronde. Ce fut le prélude d'un violent orage, tout à fait anormal pour la saison, ponctué de coups de tonnerre si formidables que Mr et Mrs Ward crurent à un moment que la maison avait été touchée. Ils montèrent l'escalier quatre à quatre pour voir s'il y avait eu des dégâts ; mais Charles sortit de sa mansarde à leur rencontre, son visage blême empreint d'une expression triomphante. Il leur affirma que la maison était intacte et que l'orage serait bientôt fini. Ayant regardé par une fenêtre, ils constatèrent que le jeune homme avait raison : les éclairs s'éloignèrent de plus en plus, les arbres cessèrent de se courber sous le vent glacé venu de la mer, le fracas du tonnerre diminua et s'éteignit, les étoiles se montrèrent dans le ciel.

Pendant les deux mois qui suivirent cet incident, Charles Ward s'enferma beaucoup moins dans son laboratoire. Il sembla porter un curieux intérêt au temps et s'informa de la date à laquelle le sol allait se dégeler au printemps. Par une nuit de mars, il quitta la maison après minuit et ne rentra qu'un peu avant l'aube. À ce moment, sa mère, qui souffrait d'insomnie, entendit un moteur s'arrêter devant l'entrée réservée aux véhicules. S'étant levée et ayant gagné la fenêtre, Mrs Ward vit quatre silhouettes sombres, commandées par son fils, décharger d'un camion une longue et lourde caisse qu'elles transportèrent dans la maison. Puis elle entendit des pas pesants sur les marches de l'escalier, et, finalement, un bruit sourd dans la mansarde. Ensuite, les pas descendirent ; les quatre hommes réapparurent à l'extérieur et s'éloignèrent dans leur camion.

Le lendemain, Charles s'enferma dans la mansarde. Après avoir tiré les rideaux noirs de son laboratoire, il s'absorba dans une expérience sur une substance métallique. Il refusa d'ouvrir la porte à qui que ce fût, et ne prit aucune nourriture. Vers midi, on entendit un bruit sourd, suivi par un cri terrible et une chute. Néanmoins, quand Mrs Ward eut frappé à la porte, son fils lui déclara d'une voix faible que tout allait bien : la hideuse puanteur qui s'échappait de la pièce était inoffensive et malheureusement nécessaire ; il fallait absolument le laisser seul pour l'instant, mais il irait déjeuner un peu plus tard. Au début de l'après-midi, il apparut enfin, pâle et hagard, et interdit qu'on pénétrât dans le laboratoire sous aucun prétexte. Par la suite, personne ne fut jamais autorisé à visiter la mystérieuse mansarde ni la pièce de débarras adjacente qu'il aménagea sommairement en chambre à coucher. C'est là qu'il vécut désormais jusqu'au jour où il acheta le bungalow de Pawtuxet et y transporta tous ses appareils scientifiques.

Ce soir-là, Charles s'empara du journal avant tout le monde et en détruisit une partie en simulant un accident. Plus tard, le Dr Willett ayant déterminé la date exacte d'après les déclarations des différents membres de la maisonnée se procura un exemplaire intact du journal abîmé et y lut l'article suivant :

FOSSOYEURS NOCTURNES
SURPRIS DANS LE CIMETIÈRE

Robert Hart, veilleur de nuit au Cimetière du Nord, a découvert ce matin un groupe de plusieurs hommes dans la partie la plus ancienne du champ de repos, mais il semble qu'ils se soient enfuis à sa vue avant d'avoir accompli ce qu'ils se proposaient de faire.

L'incident eut lieu vers les quatre heures. L'attention de Hart fut attirée par le bruit d'un moteur non loin de son abri. Après être sorti, il vit un gros camion dans l'allée principale et se hâta dans sa direction. Le bruit de ses pas sur le gravier donna l'éveil aux visiteurs nocturnes qui placèrent vivement une lourde caisse dans le camion et gagnèrent la sortie sans avoir été rattrapés. Aucune tombe connue n'ayant été violée, Hart estime que ces hommes voulaient ensevelir la caisse.

Ils avaient dû travailler longtemps avant d'être découverts, car Hart trouva un énorme trou creusé dans le lot d'Amosa Field où presque toutes les vieilles stèles ont disparu depuis longtemps. La cavité, aussi grande qu'une tombe, était vide et ne coïncidait avec aucun enterrement mentionné dans les archives du cimetière.

L'inspecteur de police Riley, après avoir examiné l'endroit, a déclaré que le trou avait dû être creusé par des bootleggers qui cherchaient une cachette sûre pour leur alcool de contrebande. Hart croit avoir vu le camion remonter l'avenue Rochambeau, mais il n'en est pas absolument sûr.

Au cours des jours suivants, Charles Ward se montra rarement à sa famille. Il s'enferma dans sa mansarde, et fit déposer sa nourriture devant la porte. De temps à autre, on l'entendait psalmodier des formules monotones, ou bien on percevait des bruits de verre heurté, de produits chimiques sifflants, d'eau courante, de flammes de gaz rugissantes. Des odeurs impossibles à identifier émanaient parfois de la pièce, et l'air extrêmement tendu du jeune homme, quand il lui arrivait de sortir de son domaine, suscitait les hypothèses les plus diverses. Ses parents et le Dr Willett ne savaient absolument plus que faire ni que penser.

Le 15 avril, un étrange incident se produisit. C'était un vendredi saint, détail auquel les domestiques attachèrent une grande importance, mais que beaucoup d'autres considérèrent comme une simple coïncidence. Tard dans l'après-midi, le jeune Ward commença a répéter une formule d'une voix étonnamment forte, tout en faisant brûler une substance à l'odeur si âcre qu'elle se répandait dans toute la maison. Les mots prononcés étaient si nets que Mrs Ward, qui écoutait avec anxiété dans le couloir de la mansarde, ne put s'empêcher de les garder dans sa mémoire ; par la suite, elle fut capable de les écrire, sur la demande du Dr Willett. Des experts apprirent à ce dernier qu'une formule à peu près identique se trouve dans les écrits d'Eliphas Levi qui jeta un coup d'œil par une fente de la porte interdite et aperçut les terribles perspectives du vide qui s'étend au-delà. En voici la teneur :

Per Adonai Eloim, Adonai Jehova, Adonai Sabaoth, Metraton Ou Agla Methon, verbum pythonicum mysterium salamandrae, conventus sylvorum, antra gnomorum, daemonia Coeli God, Almonsin, Gibor, Jehosua, Evam, Zariathnatmik, Veni, veni, veni.

Ceci durait depuis deux heures sans la moindre interruption lorsqu'un formidable concert d'aboiements de chiens résonna dans tout le voisinage. Presque aussitôt la maison fut envahie par une odeur effroyable tandis qu'un éclair fendait le ciel. Enfin résonna *la voix* qu'aucun des auditeurs ne pourra jamais oublier, cette voix tonitruante, lointaine, incroyablement profonde, et tout à fait différente de celle de Charles Dexter Ward. Elle fit trembler la maison, et deux voisins l'entendirent au milieu du vacarme des chiens. Mrs Ward, toujours aux écoutes devant la porte du laboratoire, frissonna en comprenant sa diabolique signification ; car son fils lui avait raconté comment elle avait retenti, s'il fallait en croire les lettres de Luke Fenner, au-dessus de la ferme de Pawtuxet Road, la nuit de la mort de Joseph Curwen. Elle ne pouvait se tromper sur la phrase prononcée, que Charles lui avait souvent citée à l'époque où il parlait franchement de ses recherches. C'était un simple fragment d'une langue oubliée :

DIES MIES JESCHET BOENE DOESEF

DOUVEMA ENITEMAUS

Aussitôt après, la lumière du jour s'assombrit bien qu'on fût à une heure du crépuscule ; puis vint une bouffée d'odeur différente de la première, mais tout aussi mystérieuse et intolérable. Charles s'était remis à psalmodier, et sa mère entendit une série de syllabes que l'on peut figurer ainsi « Yi-nash-Yog-Sothoth-he-lglb-fi-throdag », se terminant par un « Yah ! » dont la force démentielle monta en un crescendo terrifiant. Une seconde plus tard retentit un cri plaintif qui se transforma peu à peu en un rire diabolique. Mrs Ward, poussée par la crainte et le courage aveugle de son cœur de mère, alla frapper à la porte mais n'obtint pas de réponse. Elle frappa de nouveau, puis resta immobile tandis que montait un deuxième cri, poussé par son fils, cette fois, et *qui résonna en même temps que les ricanements de l'autre voix.* Elle s'évanouit presque aussitôt, bien qu'elle soit incapable aujourd'hui de se rappeler pour quel motif précis.

Lorsque Mr Ward rentra chez lui à 6 heures et quart, il ne trouva pas sa femme au rez-de-chaussée. Les domestiques effarés lui dirent qu'elle devait être dans le couloir de la mansarde d'où avaient émané des sons encore plus étranges que de coutume. Il monta aussitôt l'escalier et trouva Mrs Ward étendue de tout son long sur le plancher devant la porte du laboratoire. Se rendant compte qu'elle était évanouie, il alla chercher un verre d'eau et lui jeta le contenu au visage. Il fut réconforté de la voir aussitôt revenir à elle ; mais tandis qu'il la regardait ouvrir des yeux stupéfaits, il fut parcouru par un frisson glacé et faillit perdre connaissance à son tour. En effet, dans le laboratoire qu'il avait cru tout d'abord silencieux, il entendait le murmure d'une conversation à voix très basse, dont il ne pouvait saisir les paroles, et qui, pourtant, le bouleversait jusqu'au fond de l'âme.

Bien sûr, ce n'était pas la première fois que son fils marmonnait des formules ; mais à présent, ce murmure paraissait tout différent. Il s'agissait très nettement d'un dialogue, dans lequel la voix de Charles, aisément reconnaissable, alternait avec une autre, si grave et si caverneuse qu'il était difficile d'admettre qu'elle pût sortir du gosier du jeune homme. Elle avait des intonations singulièrement hideuses ; et si Mrs Ward, en revenant à elle, n'avait pas poussé un cri qui éveilla dans l'esprit de son mari ses instincts protecteurs, il est probable que Thomas Howland Ward n'aurait plus pu se vanter de n'avoir jamais perdu connaissance. En l'occurrence, il prit sa femme dans ses bras et descendit rapidement l'escalier avant qu'elle pût remarquer les voix qui venaient de le bouleverser. Cependant, il ne fut pas assez prompt pour ne pas entendre une chose qui le fit chanceler dangereusement sous le poids de son fardeau. Car le cri de Mrs Ward avait été entendu par d'autres que lui, et, en réponse, on avait prononcé deux mots dans le laboratoire, les seuls mots intelligibles de cet effroyable colloque. C'était une simple exhortation à la prudence, murmurée par Charles, et pourtant elle inspira à Mr Ward une mystérieuse terreur quand il entendit ces deux paroles très banales : *Chut !... Écrivez !...*

Au dîner, les deux époux eurent un long entretien, et Mr Ward décida de parler fermement à son fils cette nuit même. Quel que fût l'objet de ses recherches, on ne pouvait tolérer plus longtemps une telle conduite qui constituait une menace contre l'équilibre nerveux de toute la maisonnée. Le jeune homme devait avoir perdu l'esprit pour pousser des cris pareils et poursuivre une conversation imaginaire avec un interlocuteur inexistant. Il fallait mettre un terme à tout cela, sans quoi Mrs Ward tomberait malade et on ne pourrait plus garder de domestiques.

Le repas terminé, Mr Ward se mit en devoir de gagner le laboratoire de Charles. Mais il s'arrêta au troisième étage en entendant des bruits provenant de la bibliothèque dont son fils ne se servait plus depuis un certain temps. Selon toute apparence, on jetait des livres sur le parquet et on froissait fébrilement des papiers. En arrivant sur le seuil de la porte, Mr Ward vit le jeune homme à l'intérieur de la pièce, en train de rassembler une énorme brassée de documents de toute taille et de toute forme. Charles avait le visage hagard, les traits tirés ; il sursauta et laissa tomber son fardeau en entendant la voix de son père. Celui-ci lui ordonna de s'asseoir et lui infligea le blâme qu'il méritait depuis si longtemps. Quand le sermon eut pris fin, le jeune homme convint que Mr Ward avait raison, que ces voix, ces murmures, ces incantations, ces odeurs chimiques étaient vraiment intolérables. Il promit de se montrer plus discret à l'avenir, mais insista pour que sa solitude continuât d'être respectée. Il allait se consacrer maintenant à des recherches purement livresques ; en outre, il trouverait un autre logement pour prononcer les invocations rituelles qui pourraient être nécessaires par la suite. Il se montra navré d'avoir causé une telle peur à sa mère, et expliqua que la conversation entendue par son père faisait partie d'un symbolisme compliqué destiné à créer une certaine atmosphère mentale. Malgré l'état d'hypertension nerveuse de son fils, Mr Ward eut l'impression qu'il jouissait de toutes ses facultés. Par contre, l'entretien ne lui apporta guère d'éclaircissement ; lorsque Charles eut quitté la pièce en emportant ses documents, son père ne sut guère que penser de toute cette affaire. Elle était aussi mystérieuse que la mort du pauvre Nig dont on avait découvert le cadavre dans le sous-sol, une heure auparavant, les yeux révulsés, la gueule tordue par l'épouvante.

Sous l'impulsion d'un instinct obscur, Mr Ward jeta un coup d'œil sur les rayonnages vides pour voir ce que son fils avait emporté dans la mansarde. Il fut tout surpris de constater qu'il s'agissait uniquement d'ouvrages modernes : histoires, traités scientifiques, géographiques, manuels de littérature, ainsi que certains journaux et magazines contemporains. Comme Charles n'avait lu jusqu'alors que des livres traitant du passé ou d'occultisme Mr Ward se sentit en proie à une perplexité grandissante ; en outre, il éprouva un véritable malaise, car il lui semblait qu'il y avait une chose insolite dans la pièce. Il la parcourut du regard, et vit qu'il ne s'était pas trompé.

Contre le mur du Nord, au-dessus de la fausse cheminée, se trouvait toujours le panneau de la maison d'Olney Court ; mais le tableau restauré n'y figurait plus. Après s'être détaché du bois, le portrait de Joseph Curwen avait abandonné pour jamais sa surveillance du jeune homme auquel il ressemblait si étrangement ; maintenant, il gisait sur le parquet sous la forme d'une mince couche de fine poussière d'un gris bleuâtre.

Chapitre 4

Métamorphose et démence

Au cours de la semaine qui suivit ce mémorable vendredi saint, on vit Charles Ward plus souvent que de coutume, car il ne cessa de transporter des livres de la bibliothèque à la mansarde. Il avait un comportement calme et raisonnable, mais son visage exprimait une appréhension mal dissimulée. En outre, il faisait preuve d'un appétit dévorant, si on en jugeait par la quantité de nourriture qu'il exigeait de la cuisinière.

Une fois mis au courant de ce qui s'était passé, le Dr Willett vint s'entretenir avec le jeune homme, le mardi suivant, dans la bibliothèque. Comme toujours, la conversation ne donna aucun résultat, mais Willett est prêt à jurer que Charles jouissait de toute sa raison. Il promit de faire bientôt une révélation sensationnelle, et exprima l'intention de chercher un autre local pour y installer son laboratoire. Il se montra fort peu touché par la perte du portrait, et parut même trouver un élément comique dans sa brusque disparition.

Pendant la deuxième semaine, Charles s'absenta souvent du logis. Le jour où la vieille Hannah vint aider à faire le grand nettoyage de printemps, elle raconta qu'il visitait souvent la maison d'Olney Court, muni d'une grande valise, et s'en allait explorer la cave. Il se montrait très généreux à l'égard d'elle-même et de son mari, mais il semblait extrêmement tourmenté.

Par ailleurs, des amis des Ward le virent de loin à Pawtuxet un nombre de fois surprenant. Il fréquentait plus particulièrement le petit port de Rhodes-sur-Pawtuxet, et le Dr Willett, après avoir fait une enquête en ce lieu, apprit qu'il ne manquait jamais de gagner la rive assez encaissée, pour la longer ensuite en direction du Nord.

Par un matin de mai, il y eut, dans la mansarde, une reprise de la conversation imaginaire du vendredi saint. Le jeune homme semblait poursuivre une discussion violente avec lui-même, car on entendit brusquement une série de cris qui ressemblaient à des demandes et des refus alternés. Mrs Ward monta en courant, écouta à la porte et entendit le fragment de phrase suivant « Il faut qu'il reste rouge pendant trois mois. » Dès qu'elle eut frappé, le silence régna aussitôt. Lorsque Mr Ward interrogea son fils un peu plus tard, le jeune homme répondit qu'il lui était difficile d'éviter certains conflits entre des sphères de conscience, mais qu'il essaierait de les transférer dans d'autres domaines.

Vers le milieu de juin se produisit un curieux incident nocturne. Au début de la soirée, on entendit du bruit dans le laboratoire, mais il s'apaisa presque immédiatement. À minuit, quand tout le monde fut allé se coucher, le maître d'hôtel était en train de fermer à clé la porte de la rue, lorsqu'il vit apparaître au bas de l'escalier Charles Ward portant une lourde valise. Le jeune homme fit signe qu'il voulait sortir. Il ne prononça pas un seul mot, mais le digne serviteur, ayant vu ses yeux enfiévrés, se mit à trembler sans savoir pourquoi. Il ouvrit la porte à son jeune maître ; le lendemain, il donna son congé à Mrs Ward en déclarant qu'il y avait eu une expression de férocité diabolique dans le regard de Charles, et qu'il ne passerait pas une autre nuit dans la maison. Mrs Ward le laissa partir, sans ajouter foi à ses paroles. Il lui paraissait impossible que son fils ait pu avoir l'air « féroce » cette nuit-là. En effet, pendant tout le temps qu'elle était restée éveillée, elle avait entendu de faibles bruits émaner du laboratoire : des sanglots et des soupirs qui semblaient révéler un désespoir profond.

Le lendemain soir, comme il l'avait fait environ trois mois auparavant, Charles Ward s'empara du journal avant tout le monde, et en égara une feuille. Par la suite, le Dr Willett, au cours de son enquête, se rappela cet incident et se rendit aux bureaux du *Journal*. Là, il put relever, sur la feuille égarée, deux articles qui lui semblèrent intéressants. Les voici :

VIOLATION DE SEPULTURE

Robert Hart, veilleur de nuit au cimetière du Nord, a découvert ce matin que la tombe d'Ezra Weeden, né en 1740 et mort en 1824 (d'après l'inscription sur sa stèle sauvagement arrachée du sol et brisée) avait été violée.

Son contenu, quel qu'il ait pu être après plus d'un siècle d'ensevelissement, avait complètement disparu, à l'exception de quelques éclats de bois pourri. On n'a pas relevé de traces de roues, mais la police a trouvé dans les parages des empreintes de pas faites par des souliers fins.

Hart est enclin à établir un rapport entre cet incident et celui du mois de mars : à cette époque, on s'en souvient, il avait découvert un groupe d'hommes qui avaient pris la fuite en camion après avoir creusé une excavation profonde. Mais l'inspecteur Riley combat cette théorie et souligne de grandes différences dans les deux cas : en mars, on avait creusé à un endroit où il n'existait pas de tombe ; cette fois-ci, une tombe déterminée a été violée avec une méchanceté féroce.

Des membres de la famille Weeden, après avoir été mis au courant, ont exprimé une surprise attristée, et ont déclaré ne se connaître aucun ennemi capable d'un pareil acte de vandalisme. Hazard Weeden se rappelle une légende familiale d'après laquelle son ancêtre aurait été mêlé à une étrange affaire peu de temps avant la Révolution, mais il ignore l'existence d'une « vendetta » possible à l'heure actuelle. L'affaire a été confiée à l'inspecteur Cunningham qui espère découvrir des indices précieux dans un proche avenir.

NUIT AGITEE À PAWTUXET

Les habitants de Pawtuxet ont été réveillés à 3 heures du matin par un formidable concert d'aboiements de chiens qui semblait atteindre son maximum d'intensité près de la rivière, au nord de Rhodes-sur-Pawtuxet. Fred Lemlin, veilleur de nuit de Rhodes, a déclaré qu'aux aboiements des chiens se mêlaient les cris d'un homme en proie à une terreur mortelle. Un bref et violent orage a mis fin à ce tumulte. On rapporte que des odeurs désagréables, émanant sans doute des réservoirs de pétrole, ont empuanti l'atmosphère pendant toute la durée de l'incident.

Bientôt, Charles prit l'aspect d'un homme traqué, et tout le monde pense aujourd'hui, en y réfléchissant, qu'il souhaitait peut-être, à cette époque, faire une confession, mais qu'une terreur panique l'en empêchait. Comme il sortait très souvent, à la faveur de l'obscurité, la plupart des aliénistes le rendent responsable des actes de vampirisme odieux qui furent perpétrés en ce temps-là et que la presse rapporta avec force détails. Les victimes, de tous âges et de toutes conditions, furent attaquées dans deux localités distinctes : le quartier du North End, près de la maison des Ward, et les districts suburbains proches de Pawtuxet. Ceux qui survécurent ont raconté qu'ils subirent l'assaut d'un monstre bondissant, aux yeux de braise, qui enfonçait ses crocs dans la gorge ou le haut du bras et se gorgeait de sang.

Ici encore, le Dr Willett n'est pas d'accord avec ses confrères. « Je me refuse à dire, déclare-t-il, quel être humain ou quel animal a pu se livrer à de pareilles abominations, mais j'affirme que Charles Ward n'en est point l'auteur. J'ai des raisons de penser qu'il ignorait le goût du sang, et son anémie croissante constitue la meilleure preuve à l'appui de ma théorie. Ward a touché à des choses terribles, mais il n'a jamais été un monstre. »

Le docteur parle avec beaucoup d'autorité, car, à cette époque, il se rendait souvent chez les Ward pour soigner la mère de Charles, dont les nerfs avaient commencé à céder. À force d'écouter les bruits nocturnes émanant de la mansarde, elle souffrait d'hallucinations morbides qu'elle hésitait à confier au médecin : elle s'imaginait entendre des soupirs et des sanglots étouffés aux heures les plus impossibles. Au début de juillet, Wilett l'envoya à Atlantic City pour y reprendre des forces, et il recommanda à Mr Ward et à son fils de ne lui envoyer que des lettres réconfortantes.

Peu de temps après le départ de sa mère, Charles Ward entreprit des démarches pour l'achat du bungalow de Pawtuxet. C'était un petit édifice de bois sordide, avec un garage en ciment, perché très haut sur la berge maigrement peuplée de la rivière, un peu au-dessus de Rhodes, mais le jeune homme tenait absolument à l'acquérir. Le propriétaire finit par le lui céder à contrecœur pour un prix exorbitant. Aussitôt, il y fit transporter de nuit, dans un gros camion fermé, tous les livres et les appareils de la mansarde, et, abandonnant définitivement le laboratoire, il emménagea de nouveau dans sa chambre, au troisième étage de la maison paternelle.

Dans son nouveau domicile, Charles se comporta de façon aussi mystérieuse qu'il l'avait fait dans sa mansarde. Néanmoins, il avait deux compagnons : un métis portugais à l'air sinistre qui servait de domestique et un inconnu au corps mince, à la barbe drue, aux yeux cachés par des lunettes noires, qui, de toute évidence, devait travailler avec Ward. Les voisins essayèrent vainement d'entrer en conversation avec ces étranges individus. Le métis Gomes ne connaissait que quelques mots d'anglais, et l'homme qui se faisait appeler Dr Allen se montrait fort réservé. Charles essaya d'être plus affable, mais il ne réussit qu'à provoquer une curiosité méfiante en tenant des propos décousus sur ses travaux de chimie. Bientôt, d'étranges rumeurs coururent au sujet de lumières qui brûlaient toute la nuit. Puis on s'étonna des commandes excessives de viande chez le boucher, ainsi que des cris et des chants psalmodiés qui semblaient provenir d'une cave très profonde. L'honnête bourgeoisie de l'endroit manifesta une répugnance marquée à l'égard de cette étrange maisonnée, d'autant plus que l'installation des trois hommes avait coïncidé avec l'épidémie de vampirisme dans les parages de Pawtuxet.

Ward passait la majeure partie de son temps au bungalow, mais il dormait parfois dans la maison de son père. À deux reprises, il quitta la ville pour des voyages d'une semaine, dont la destination reste inconnue. Il ne cessait de maigrir et de pâlir, et il n'avait plus son assurance d'autrefois quand il répétait au Dr Willett sa vieille histoire de recherches vitales et de révélations futures. Néanmoins, le praticien insiste sur le fait que le jeune homme était encore sain d'esprit à cette époque, et il cite plusieurs conversations à l'appui de ses dires.

Vers le mois de septembre, les actes de vampirisme devinrent moins fréquents, mais, en janvier, Ward se trouva compromis dans une grave affaire. Depuis quelque temps, on parlait beaucoup des camions qui arrivaient au bungalow et en repartaient, au cours de la nuit. Or, dans un lieu solitaire près de Hope Valley, des bandits qui se livraient à la contrebande de l'alcool arrêtèrent l'un des véhicules dans l'espoir d'y trouver de quoi alimenter leur trafic clandestin. En l'occurrence, ils furent terriblement déçus, car les longues caisses dont ils s'emparèrent renfermaient un contenu horrible ; si horrible, en vérité, qu'on en parla longtemps dans le monde de la pègre. Les voleurs s'étaient dépêchés d'enterrer leur trouvaille, mais lorsque la police d'État eut vent de l'affaire, elle procéda à une enquête minutieuse. Un vagabond récemment arrêté consentit, en échange de sa liberté, à guider une troupe de policiers jusqu'à la cachette improvisée. On y découvrit une chose monstrueuse qui doit rester ignorée du public, et plusieurs télégrammes furent aussitôt expédiés à Washington.

Les caisses étaient adressées à Charles Ward, à son bungalow de Pawtuxet, et les autorités fédérales vinrent lui rendre visite. Il leur donna une explication qui paraissait valable et démontrait son innocence. Ayant eu besoin de certains spécimens anatomiques pour poursuivre ses recherches, il en avait commandé un certain nombre à des agences qu'il considérait comme parfaitement honorables. Il avait tout ignoré de l'*identité* de ces spécimens, et se montra profondément bouleversé par les révélations des inspecteurs. Sa déclaration fut corroborée par le Dr Allen dont la voix calme et grave parut encore plus convaincante que celle de Charles. Finalement, les policiers ne prirent aucune mesure contre le jeune homme ; ils se contentèrent de noter soigneusement le nom et l'adresse de l'agence de New York qui devait servir de base à leur enquête. Il convient d'ajouter que les spécimens furent déposés en secret aux endroits qu'ils n'auraient jamais dû quitter.

Le 9 février 1928, le Dr Willett reçut une lettre de Charles Ward à laquelle il attache une importance extraordinaire, et qui a été un sujet de fréquentes discussions entre lui-même et le Dr Lyman. Ce dernier y voit la preuve manifeste d'un cas très avancé de *dementia praecox* ; Willett, par contre, la considère comme le dernier message parfaitement raisonnable du jeune homme. En voici le texte complet.

100, Prospect Street,
Providence, R.I.,
8 mars 1928.

Cher docteur Willett,

Je sens que le moment est enfin venu de vous faire les révélations que je vous promets depuis si longtemps et que vous avez si fréquemment sollicitées de moi. La patience dont vous avez fait preuve, votre confiance en l'intégrité de ma raison, sont choses que je ne cesserai jamais d'apprécier.

Maintenant que je suis prêt à parler, je dois reconnaître à ma honte que je n'obtiendrai jamais le triomphe que j'escomptais. À la place du triomphe j'ai trouvé la terreur ; ma conversation avec vous ne sera pas une vantardise mais un appel au secours : je vous demanderai conseil pour me sauver et pour sauver le monde entier d'une horreur qui dépasse la conception humaine. Vous vous rappelez l'attaque de la ferme de Curwen relatée dans les lettres de Luke Fenner : il faut la renouveler, et sans tarder. De nous dépendent toute la civilisation, toutes les lois naturelles, peut-être même le destin de l'univers entier. J'ai mis au jour une monstrueuse anomalie, pour l'amour de la science. À présent, pour l'amour de la vie et de la nature, vous devez m'aider à la rejeter dans les ténèbres.

J'ai quitté pour toujours le bungalow de Pawtuxet, et nous devons en extirper tous ceux qui s'y trouvent, vivants ou morts. Je n'y reviendrai jamais, et, si vous entendez dire un jour que j'y suis, je vous demande de ne pas le croire. Je suis rentré chez moi pour de bon, et je voudrais que vous veniez me rendre visite dès que vous trouverez cinq ou six heures pour m'entendre. Il faudra bien tout ce temps, et, croyez-moi, jamais vous n'aurez eu devoir professionnel plus important : ma vie et ma raison sont en cause.

Je n'ose pas parler à mon père, car il ne comprendrait pas toute l'affaire. Mais je lui ai dit que j'étais en danger, et il fait garder la maison par quatre policiers. Je ne sais trop ce qu'ils pourront faire, car ils ont contre eux des forces que vous-mêmes ne sauriez envisager. Venez donc sans retard si vous voulez me voir encore en vie, et apprendre comment m'aider à sauver le cosmos.

Venez à n'importe quelle heure : je ne sortirai pas de la maison ; ne téléphonez pas pour vous annoncer, car nul ne saurait dire qui pourrait intercepter votre appel. Et prions les dieux que rien ne puisse empêcher notre rencontre.
Charles Dexter Ward.
P.S. — Abattez le Dr Allen à première vue, et faites dissoudre son corps dans un acide. Ne le brûlez pas.

Ayant reçu cette lettre vers 10 heures et demie du matin, le Dr Willett prit ses dispositions pour être libre en fin d'après-midi et pendant la soirée ; il était d'ailleurs tout prêt à laisser l'entretien se prolonger jusqu'au cœur de la nuit. Il connaissait trop bien les particularités de Charles pour voir dans ce message le délire d'un dément. Il avait la conviction qu'il s'agissait d'une chose horrible, et le *post-scriptum* lui-même pouvait se comprendre si l'on tenait compte des rumeurs qui couraient le village de Pawtuxet au sujet de l'énigmatique Dr Allen. Willett ne l'avait jamais vu, mais il avait entendu parler de son aspect et il se demandait ce que pouvaient cacher les lunettes noires.

À 4 heures précises, le médecin se présenta à la maison des Ward. Il fut très contrarié d'apprendre de la bouche des policiers de garde, que le jeune homme avait quitté le logis. Dans la matinée, il avait eu une longue conversation téléphonique avec un inconnu ; on l'avait entendu discuter d'une voix craintive, et prononcer des phrases telles que : « Je suis très fatigué et dois prendre un peu de repos » ; « Je ne peux recevoir personne d'ici quelques jours » ; « Je vous prie de remettre à plus tard une action décisive, jusqu'à ce que nous ayons mis sur pied un compromis » ; ou encore « Je suis désolé, mais il faut que j'abandonne tout pour l'instant ; je vous parlerai plus tard. » Ensuite, il avait dû reprendre courage en réfléchissant, car il était sorti à l'insu de tout le monde : on l'avait vu revenir vers 1 heure de l'après-midi, et il était entré dans la maison sans souffler mot. Il avait monté l'escalier, puis, à ce moment, il avait dû céder de nouveau à la peur, car il avait poussé un cri d'épouvante en pénétrant dans la bibliothèque. Pourtant, lorsque le maître d'hôtel était allé s'enquérir de ce qui se passait, Charles s'était montré sur le seuil, l'air très hardi, en faisant signe au domestique de se retirer. Ensuite, il avait dû effectuer des rangements dans la pièce, car on avait entendu des bruits sourds et des grincements. Enfin, il s'était montré de nouveau et avait quitté la maison immédiatement, sans laisser de message pour quiconque. Le maître d'hôtel, qui semblait fort troublé par l'aspect et le comportement de Charles, demanda s'il y avait quelque espoir de le voir retrouver son équilibre nerveux.

Pendant près de deux heures, le Dr Willett attendit vainement dans la bibliothèque, contemplant les rayonnages où s'ouvraient de grands vides aux endroits où on avait enlevé des livres. Au bout d'un certain temps, les ombres commencèrent à s'amasser, le crépuscule fit place au début de la nuit. Quand Mr Ward arriva enfin, il manifesta beaucoup de surprise et de colère en apprenant ce qui s'était passé. Il ignorait que Charles avait donné rendez-vous à Willett, et promit à ce dernier de l'avertir dès le retour du jeune homme. En reconduisant le médecin, il se déclara fort perplexe au sujet de l'état de son fils, et pria le visiteur de faire tout son possible pour lui. Willett fut heureux de fuir cette bibliothèque qui semblait hantée par quelque chose d'effroyable : on aurait dit que le portrait disparu avait laissé dans la pièce un héritage maléfique.

Le lendemain matin, Willett reçut un message dans lequel Mr Ward lui faisait savoir que son fils était toujours absent ; il lui apprenait aussi qu'il avait reçu un coup de téléphone du Dr Allen l'informant que Charles resterait à Pawtuxet pendant un certain temps et qu'il ne fallait pas le déranger. Ceci était nécessaire, car Allen lui-même devait s'absenter pour une période indéterminée, laissant tout le soin des recherches à son jeune collègue. Ce dernier envoyait ses affections à son père, et s'excusait de son départ précipité. En recevant cette communication téléphonique, Mr Ward, qui entendait la voix du Dr Allen pour la première fois, eut l'impression qu'elle lui rappelait un souvenir très vague et très désagréable.

En présence de ces faits déconcertants, Willett ne sut vraiment plus quoi faire. Charles Ward lui avait écrit qu'il avait découvert des choses monstrueuses, que le Dr Allen devait être abattu sans pitié, et que lui-même ne reviendrait jamais à Pawtuxet ; à présent, il semblait avoir oublié tout cela, et s'était replongé au cœur du mystère. Le bon sens poussait le médecin à abandonner le jeune homme à ses caprices, mais un instinct profond ne lui permettait pas d'oublier la lettre désespérée qu'il avait reçue. Il la relut, et, malgré son emphase, malgré la contradiction entre son contenu et la conduite récente de son auteur, il ne la jugea pas vide de sens. Elle exprimait une terreur si réelle, elle évoquait des monstruosités si effroyables, qu'on ne pouvait la prendre à la légère.

Pendant plus d'une semaine, le Dr Willett réfléchit au dilemme qui lui était imposé, et il se sentit de plus en plus enclin à aller rendre visite à Charles dans son bungalow de Pawtuxet. Aucun ami du jeune homme ne s'était jamais aventuré à forcer l'entrée de cette retraite interdite, et son père lui-même ne la connaissait que par les descriptions qui lui avaient été faites ; mais Willett sentait la nécessité d'avoir une conversation directe avec son malade. Mr Ward ne recevait plus de Charles que de courtes lettres dactylographiées ; Mrs Ward, à Atlantic City, n'était pas plus favorisée. En conséquence, le médecin résolut d'agir. Malgré l'étrange appréhension que lui inspiraient les vieilles légendes au sujet de Joseph Curwen et les allusions mystérieuses de Charles, il se mit en route pour le bungalow perché sur la berge abrupte de la rivière.

Willett avait souvent visité l'endroit par pure curiosité, bien qu'il ne fût jamais entré dans la maison et n'eût jamais manifesté sa présence ; il connaissait donc exactement la route à suivre. Tout en roulant le long de Broad Street dans sa petite automobile, par un après-midi de la fin février, il songeait au groupe d'hommes qui avaient suivi ce même chemin, cent cinquante-sept ans auparavant, pour exécuter une terrible mission.

Il arriva bientôt à Pawtuxet, tourna à droite dans Lockwood Street, parcourut cette voie rurale aussi loin qu'il le put, puis mit pied à terre et marcha vers le Nord, en direction de la hauteur qui dominait les belles courbes de la rivière. Les maisons étaient peu nombreuses à cet endroit, et on ne pouvait manquer de voir le bungalow isolé avec son garage en ciment. Parvenu à l'extrémité d'une allée mal entretenue, le médecin frappa à la porte et parla d'une voix ferme au métis portugais qui entrouvrit à peine le battant.

Il demanda à voir Charles Ward pour une affaire d'une importance vitale, et ajouta que, si on lui refusait l'entrée de la maison, il ferait un rapport complet au père du jeune homme. Le métis pesait toujours contre le battant, ne sachant trop s'il devait l'ouvrir ou le fermer, lorsqu'une voix provenant de l'intérieur prononça les paroles suivantes « Laisse-le entrer, Tony ; il vaut mieux que nous ayons un entretien tout de suite. » Cette voix très basse, caverneuse, enrouée, glaça de terreur le médecin sans qu'il sût pourquoi ; mais sa frayeur devint encore plus grande quand il vit paraître celui qui venait de parler, car c'était Charles Dexter Ward.

La minutie avec laquelle le Dr Willett a consigné par écrit sa conversation de cet après-midi est due à l'importance qu'il prête à cette période. Il admet que, à ce moment-là, il y a eu un changement radical dans la mentalité du jeune homme. En fait, au cours de sa controverse avec le Dr Lyman, il a précisé que, pour lui, la folie de Charles date du moment où il a commencé à envoyer des messages dactylographiés à ses parents. Ces billets ne sont pas du tout dans le style ordinaire de Ward ; ils ont un caractère archaïque très bizarre, comme si la démence de leur auteur avait donné libre cours à un flot de tendances et d'impressions amassées inconsciemment au cours de plusieurs années d'études archéologiques. On y discerne un effort manifeste pour être moderne, mais l'esprit et parfois la langue appartiennent au passé.

Le passé se révélait également dans la moindre intonation et le moindre geste de Ward lorsqu'il reçut le médecin dans le bungalow obscur. Il s'inclina, désigna de la main un siège, et se mit à parler de cette étrange voix basse qu'il essaya d'expliquer dès le début.

— J'ai contracté la phtisie, déclara-t-il, à vivre dans cet air humide. Je suppose que vous venez de la part de mon père pour voir comment je me porte, et j'espère que vous ne lui direz rien de nature à l'inquiéter.

Willett écoutait cette voix grinçante avec attention, mais il étudiait encore plus attentivement le visage de son interlocuteur. Il sentait quelque chose de louche, et il aurait bien voulu que la pièce fût moins sombre, mais il ne pria pas son hôte de lever les stores. Il se contenta de lui demander pourquoi sa conduite était en contradiction flagrante avec sa lettre désespérée.

— J'allais y venir, répliqua Ward. Sachez donc que mes nerfs sont en piteux état, et que je fais et dis d'étranges choses que je ne puis expliquer. Comme je vous l'ai souvent répété, je suis au bord de grandes découvertes dont l'importance est telle que, parfois, ma tête s'égare. Mais je n'en ai plus pour longtemps à attendre. Je me suis conduit comme un butor en m'enfermant chez mes parents sous la garde de ces argousins. Au point où j'en suis arrivé, ma place est ici. Mes voisins médisent de moi, et peut-être ai-je eu la faiblesse de croire ce qu'ils ont pu raconter à mon sujet. Il n'y a rien de mal dans ce que je fais. Ayez l'extrême bonté d'attendre encore six mois, et vous serez richement récompensé de votre patience.

« Je dois vous dire que j'ai un moyen de connaître le passé ; je vous laisse le soin de juger plus tard l'importance de ce que je peux donner à l'histoire, à la philosophie et aux arts, en raison des portes auxquelles j'ai accès. Mon aïeul possédait tout cela quand ces faquins sans cervelle l'ont assassiné. À présent, je suis sur le point d'avoir à ma disposition les mêmes connaissances, et nul ne doit se mettre en travers de mon chemin. Oubliez, s'il vous plaît, monsieur, ce que je vous ai écrit, et ne craignez rien ni personne en ce lieu. Le Dr Allen est un homme de grand talent, et je lui dois des excuses pour le mal que j'ai pu dire de lui. J'aurais voulu le garder près de moi, car il apporte à ces études un zèle égal au mien, mais il avait à faire ailleurs.

Le Dr Willett ne sut que répondre à ce discours. Cette façon de désavouer la lettre qu'il avait reçue le laissa stupéfait. Autant les propos qu'il venait d'entendre lui paraissaient étranges et démentiels, autant l'appel au secours du 8 mars lui semblait naturel et parfaitement conforme au Charles Ward qu'il connaissait. Il essaya de détourner la conversation sur des événements passés afin de créer à nouveau un état d'esprit familier ; mais il échoua lamentablement dans sa tentative. Il en fut de même par la suite pour tous les aliénistes. D'importantes sections du stock des images mentales de Charles Dexter Ward (surtout dans les domaines de sa vie personnelle et des temps modernes) se trouvaient inexplicablement annihilées, tandis que sa connaissance du passé émergeait des profondeurs du subconscient pour envahir tout son esprit. Ce qu'il savait en la matière était parfaitement anormal, comme Willett s'en rendit compte au cours de cette conversation en mettant sur le tapis plusieurs sujets auxquels Ward s'était consacré pendant son adolescence.

Ainsi, aucun mortel ordinaire, quelles qu'aient pu être ses études, n'aurait pu savoir que la perruque du shérif était tombée tandis qu'il se penchait en avant pour mieux voir la pièce de théâtre représentée à l'Histrionick Academy de Mr Douglas, le jeudi 7 février 1762 ; ni comment les acteurs avaient si furieusement coupé le texte de la pièce de Steele : *Conscious Lover*, qu'on s'était presque réjoui de la fermeture du théâtre, ordonnée quinze jours plus tard par des autorités puritaines.

Mais Ward ne se laissa pas mener longtemps dans cette voie. Il souhaitait seulement satisfaire suffisamment la curiosité de son visiteur pour l'amener à partir sans intention de retour. Dans ce but, il proposa a Willett de lui montrer toute la maison, et le conduisit immédiatement de la cave au grenier. Le médecin examina toutes les pièces avec attention. Il constata que les quelques livres visibles étaient trop peu nombreux pour pouvoir remplir les vides de la bibliothèque de Prospect Street, et que le prétendu « laboratoire » était un simple trompe-l'œil. Il y avait sûrement une vraie bibliothèque et un vrai laboratoire quelque part, mais il était impossible de dire où. Willett regagna la ville avant la nuit et raconta à Mr Ward ce qui s'était passé. Ils conclurent tous deux que le jeune homme avait bel et bien perdu l'esprit, mais ils décidèrent de ne prendre aucune mesure rigoureuse pour l'instant.

Mr Ward décida de rendre visite à son fils sans le prévenir. Un soir, le Dr Willett l'emmena dans sa voiture jusqu'à portée de vue du bungalow et attendit patiemment son retour. Au bout d'un laps de temps assez long, le père revint, l'air fort triste et fort perplexe. Il avait été reçu à peu près comme Willett. En outre, le jeune homme avait attendu longtemps à se montrer après que son visiteur eut réussi à pénétrer dans l'antichambre, et il n'avait pas donné le moindre signe d'affection filiale. Bien que la pièce fût mal éclairée, Charles s'était plaint d'être ébloui par la lumière des lampes. Il avait parlé très bas, en déclarant que sa gorge était en fort mauvais état ; mais son père discerna dans son murmure enroué une qualité troublante qu'il ne put bannir de son esprit.

Définitivement ligués pour faire leur possible afin de sauver le jeune homme, Mr Ward et le Dr Willett se mirent en devoir de rassembler tous les renseignements qu'on pouvait se procurer au sujet de cette affaire. Ils eurent d'abord recours aux commérages de Pawtuxet, ce qui leur fut assez facile, car ils avaient des amis dans la région. Tous s'accordèrent à dire que le jeune Ward menait vraiment une existence singulière. La rumeur publique lui attribuait, ainsi qu'à ses compagnons, les actes de vampirisme de l'été précédent, et les allées et venues nocturnes de plusieurs camions donnaient lieu à des hypothèses sinistres. Les commerçants parlaient des commandes bizarres qui leur étaient faites par le métis portugais, en particulier des quantités invraisemblables de viande et de sang frais fournies par deux bouchers.

Il y avait aussi la question des bruits souterrains qui se faisaient entendre alors que le bungalow était plongé dans les ténèbres. Naturellement, ils pouvaient fort bien provenir de la cave, mais selon une rumeur très répandue, il existait des cryptes plus profondes et plus vastes. Se rappelant les anciennes histoires des catacombes de Joseph Curwen, et tenant pour certain que le bungalow avait été choisi parce qu'il devait se trouver sur l'emplacement de la ferme du sorcier, Willett et Mr Ward firent plus particulièrement attention à cette rumeur, et cherchèrent plusieurs fois sans succès la porte dans la berge de la rivière dont parlaient les anciens manuscrits. Quant à l'opinion des gens sur les habitants du bungalow, il s'avéra bientôt qu'on détestait le métis portugais, qu'on avait peur du Dr Allen et qu'on n'aimait pas du tout le jeune Ward. Celui-ci avait beaucoup changé au cours des deux dernières semaines ; il avait renoncé à ses démonstrations d'affabilité, et parlait d'une voix enrouée, à peine perceptible, les rares fois où il sortait.

Munis de ces renseignements, Mr Ward et Willett eurent plusieurs longs entretiens. Mais il leur manquait l'essentiel pour arriver à assembler les différentes parties du puzzle : les deux hommes auraient donné beaucoup pour pouvoir consulter les papiers trouvés par Charles, car, de toute évidence, ils contenaient la clé de la folie du jeune homme.

L e père et le médecin, déconcertés par un problème dont ils ne parvenaient pas à trouver la solution, restèrent inactifs pendant quelques jours, tandis que les billets dactylographiés de Charles à ses parents se faisaient de plus en plus rares. Puis vint le premier du mois, avec les règlements financiers habituels, et les commis de certaines banques commencèrent à hocher la tête et à échanger des coups de téléphone. Les directeurs, qui connaissaient de vue Charles Ward, allèrent lui demander pourquoi tous les chèques signés de sa main ressemblaient à des faux grossiers. Le jeune homme leur expliqua que, à la suite d'un choc nerveux, il lui était devenu impossible d'écrire d'une façon normale ; à l'appui de cette assertion, il déclara qu'il avait été obligé récemment de dactylographier toutes ses lettres, y compris celles qu'il envoyait à ses parents.

Les enquêteurs furent frappés par le caractère décousu de certains propos du jeune homme, qui semblaient impliquer une perte totale de mémoire au sujet d'importantes questions monétaires qu'il connaissait à fond un mois auparavant. En outre, bien que ces hommes ne connussent pas très bien Charles Ward, ils ne purent s'empêcher de remarquer un grand changement dans son langage et ses manières. Ils savaient que c'était un archéologue passionné, mais même les plus fanatiques amateurs du passé ne font pas un usage constant de tournures de phrases et de gestes surannés. Cette métamorphose, jointe à la voix enrouée, aux mains paralysées, à la perte de mémoire, devait annoncer des troubles très graves. Après leur départ, les enquêteurs décidèrent d'avoir une sérieuse conversation avec Mr Ward.

En conséquence, le 6 mars 1928, il y eut dans le bureau de celui-ci une longue conférence au terme de laquelle le père de Charles, plein d'une mélancolique résignation, fit venir le Dr Willett. Le médecin examina les signatures des chèques et les compara dans son esprit avec l'écriture de la dernière lettre désespérée de Charles. La différence était radicale, et pourtant il y avait quelque chose de terriblement familier dans la nouvelle écriture à l'aspect archaïque. Une chose semblait certaine : Charles était bel et bien fou. Comme il ne pouvait évidemment plus gérer sa fortune ni entretenir des rapports normaux avec le monde extérieur, il fallait promptement s'occuper de le soigner. On fit donc appel à trois aliénistes les Dr Peck et

Waite, de Providence, et le Dr Lyman, de Boston. Mr Ward et le Dr Willett leur exposèrent l'affaire en détail ; ensuite, les cinq hommes examinèrent les livres et les papiers que renfermait encore la bibliothèque de Charles. Après quoi, les médecins conclurent que les études poursuivies par le jeune homme avaient largement suffi à ébranler sa raison. Ils exprimèrent le désir de voir les volumes et les documents intimes qu'il conservait par-devers lui ; mais, pour ce faire, il leur fallait se rendre au bungalow.

Le jeudi 8 mars, les quatre médecins et Mr Ward allèrent rendre visite au malade qu'ils soumirent à un interrogatoire serré et auquel ils ne cachèrent pas le but qu'ils se proposaient. Charles fut un peu long à apparaître après leur arrivée dans le bungalow, mais au lieu de se rebeller contre cette intrusion, il reconnut de son plein gré que sa mémoire et son équilibre mental avaient souffert de son travail incessant. Il ne protesta pas quand on l'informa qu'il devrait abandonner sa résidence actuelle. En fait, il manifesta une très vive intelligence ; son attitude aurait singulièrement dérouté les médecins si son déséquilibre ne s'était pas trahi par sa phraséologie archaïque et la disparition de toute idée moderne dans son esprit. Au sujet de son travail, il ne révéla rien aux médecins en dehors de ce qu'ils connaissaient déjà par Mr Ward et le Dr Willett. Il affirma solennellement que le bungalow ne renfermait ni bibliothèque ni laboratoire autres que ceux qui étaient visibles, et se lança dans un discours fort embrouillé afin d'expliquer pourquoi il n'y avait pas trace dans la maison des odeurs qui imprégnaient ses vêtements. Il prétendit que les commérages des villageois étaient de pures inventions dues à la curiosité déçue. Il se déclara incapable de préciser l'endroit où se trouvait le Dr Allen, mais il affirma que celui-ci reviendrait quand on aurait besoin de lui. Pendant qu'il payait ses gages au métis portugais et fermait la porte d'entrée du bungalow, Ward ne donna pas le moindre signe de nervosité : simplement il s'immobilisa quelques secondes, comme pour écouter un bruit à peine perceptible. Il semblait plein d'une calme résignation philosophique, comme si son départ eût été un incident sans importance qu'il valait mieux faciliter en ne causant aucun ennui. On convint de ne rien dire à sa mère, à laquelle Mr Ward continuerait d'envoyer des lettres dactylographiées au nom de son fils. Charles fut emmené à la paisible maison de santé du Dr Waite, à Conanicut Island, et soumis à des examens minutieux par plusieurs praticiens. C'est alors que l'on découvrit ses particularités physiques : métabolisme ralenti, peau transformée, réactions neurales disproportionnées. Le Dr Willet fut plus particulièrement troublé par ces phénomènes, car, ayant soigné Ward toute sa vie, il se rendait mieux compte de ces bizarres perturbations. La tache de naissance en forme d'olive avait disparu de sa hanche, tandis que sa poitrine s'ornait d'une marque noire qui ne s'y trouvait pas auparavant. Le médecin se demanda si le malade s'était vu infliger « la marque des sorcières » que l'on imposait, disait-on, au cours de certaines réunions nocturnes dans des lieux solitaires. Willett ne pouvait s'empêcher de songer à un passage d'un compte rendu des procès de Salem, que Charles lui avait montré autrefois : « Mr G. B., cette Nuit-là, posa la marque du Diable sur Bridget S., Jonathan A., Simon O., Deliverance W., Joseph C., Mehitable C. et Deborah B. » Le visage de Ward lui inspirait également une profonde horreur dont il finit par découvrir la cause : au-dessus de l'œil droit, le jeune homme portait exactement la même cicatrice que Willett avait remarquée dans le portrait de Joseph Curwen.

Cependant, on surveillait de près toute la correspondance destinée à Charles ou au Dr Allen, que Mr Ward avait fait adresser chez lui. On ne s'attendait pas à y trouver grand-chose, car toutes les communications importantes auraient été probablement faites par voie de messages ; mais, à la fin mars, arriva une lettre de Prague adressée au Dr Allen, qui donna au Dr Willett et à Mr Ward matière à réflexion.

Kleinstrasse 11,
Alstadt, Prague,
11 février 1928.

Frère en Almousin-Metraton !

J'ai reçu aujourd'hui votre lettre relatant ce que vous avez fait surgir des Sels que je vous ai envoyés. Ce résultat contraire à notre espoir prouve clairement que les Stèles avaient été changées lorsque Barrabas m'a procuré le Spécimen. Cela arrive souvent, comme vous devez le savoir d'après le Corps que vous avez retiré du cimetière de King's Chapel en 1769, et d'après ce que H. a retiré du Vieux Terrain de Repos en 1690, qui a failli lui coûter la vie. Pareille chose m'est arrivée en Égypte il y a 75 ans, d'où me vient cette Cicatrice que le Jeune Homme a vue sur mon visage en 1924. Ainsi que je vous l'ai dit il y a longtemps, n'évoquez Aucun Esprit que vous ne puissiez dominer ; soit à partir de Sels morts ou hors des Sphères au-delà. Ayez toujours prêts les Mots qui repoussent, et ne vous arrêtez pas pour avoir une certitude quand vous doutez de l'identité de Celui que vous avez. On a changé toutes les Stèles dans neuf cimetières sur dix. Vous n'êtes jamais sûr de rien tant que vous n'avez pas interrogé. J'ai reçu aujourd'hui des nouvelles de H. qui a eu des Ennuis avec les Soldats. Il regrette que la Transylvanie ait passé de la Hongrie à la Roumanie, et changerait de Résidence si son Château n'était pas si plein de Ce que nous Savons. Dans mon prochain envoi, il y aura Quelque Chose venu d'une tombe orientale, qui vous fera grand plaisir. En attendant, n'oubliez pas que je désire avoir B.F. si vous pouvez me le procurer. Vous connaissez mieux que moi G. de Philadelphie. Utilisez-le avant moi si vous le désirez mais n'en usez pas trop durement avec lui, car il faut que je lui parle à la fin.

Yogg-Sothoth Neblod Zin.

SIMON O.

À Mr J. C.,
à Providence.

Mr Ward et le Dr Willett furent confondus par la lecture de cette lettre, et ils mirent beaucoup de temps à comprendre ce qu'elle semblait impliquer. Ainsi, c'était le Dr Allen et non pas Charles Ward qui dirigeait tout au bungalow de Pawtuxet ? Cela expliquait le post-scriptum du dernier message du jeune homme au Dr Willett. Et pourquoi la présente lettre, adressée au Dr Allen sur l'enveloppe, portait-elle à la fin l'inscription « À Mr J. C. » ? La conclusion s'imposait, mais il y a des limites à la monstruosité... Qui était « Simon O » ? Le vieillard que Charles Ward avait visité à Prague ? Peut-être... Mais, dans les siècles passés, il y avait eu un Simon Orne, alias Jedediah, de Salem, qui avait disparu en 1771, et dont le Dr Willett reconnaissait maintenant l'écriture d'après les copies photostatiques des documents que Charles lui avait montrées autrefois !

Le père et le vieux médecin, ne sachant trop que faire ni que penser, allèrent voir Charles à la maison de santé, pour l'interroger au sujet du Dr Allen, de sa visite à Prague et de ce qu'il avait appris sur Simon Orne, de Salem. Le jeune homme répondit simplement qu'il s'était aperçu que le Dr Allen avait des rapports spirituels étonnants avec certaines âmes du passé ; et son correspondant de Prague devait posséder le même don. En se retirant, Mr Ward et le Dr Willett se rendirent compte que c'étaient eux qui avaient subi un interrogatoire, et que, sans rien révéler lui-même, le malade leur avait fait dire tout ce que contenait la lettre de Prague.

Les Drs Peck, Waite et Lyman n'attachèrent pas grande importance à la correspondance du compagnon du jeune Ward. Connaissant la tendance des monomaniaques à se grouper, ils croyaient que Charles ou Allen avait découvert un de leurs semblables expatrié, peut-être quelqu'un qui avait vu l'écriture de Simon Orne et l'avait imitée afin de se faire passer pour la réincarnation de ce personnage. Peut-être Allen lui-même se trouvait-il dans le même cas, et avait-il fait accroire au jeune homme qu'il était un avatar de Joseph Curwen. En outre, ces médecins prétendirent que l'écriture actuelle de Charles Ward était une imitation de plusieurs spécimens anciens obtenus au moyen de ruses diverses : ils ne prêtèrent aucune attention à l'opinion de Willett qui crut y retrouver toutes les caractéristiques de l'écriture archaïque de Joseph Curwen. En raison du scepticisme de ses confrères, le vieux médecin conseilla à Mr Ward de ne pas leur montrer la lettre adressée au Dr Allen, qui arriva de Rakus, Transylvanie, à la date du 2 avril, et dont l'écriture était absolument identique à celle du cryptogramme Hutchinson. En voici la teneur :

Château Ferenczy,
7 mars 1928.

Mon cher C.,
Vingt hommes de la Milice sont venus m'interroger au sujet de ce que racontent les Paysans. Ces Roumains font preuve d'un zèle détestable, alors que je pouvais facilement corrompre un Magyar avec un bon Repas. Le mois dernier, M. m'a fait parvenir le sarcophage des Cinq Sphinx de l'Acropole où Celui que j'ai évoqué avait dit qu'il se trouverait, et j'ai eu 3

Conversations avec Ce qui y était inhumé. *Je vais l'envoyer immédiatement à S.O. à Prague, qui vous l'expédiera ensuite. La Créature est fort entêtée, mais vous connaissez le Moyen de la faire parler. Vous montrez beaucoup de Sagesse en ayant autour de vous moins de monde qu'Auparavant ; point n'était Besoin de conserver des Gardiens sous leur Forme corporelle à ne rien faire. Vous pouvez maintenant vous déplacer et aller Travailler ailleurs sans trop de Mal, si c'est nécessaire ; mais j'espère que Rien ne vous contraindra bientôt à suivre une Voie si Ennuyeuse. J'ai été fort heureux d'apprendre que vous n'aviez plus guère commerce avec Ceux du Dehors car cela présente toujours un Péril Mortel. Vous l'emportez sur moi en disposant les formules de telle sorte* qu'un autre *puisse les dire avec Succès. Borellus estimait qu'il en pourrait être ainsi à la condition d'utiliser les Mots justes. Est-ce que le Jeune Homme les emploie souvent ? Je regrette qu'il fasse le dégoûté, ainsi que je l'avais craint au cours des quinze Mois de son Séjour au Château ; mais je suppose que vous savez comment le traiter. Vous ne pouvez le vaincre avec la Formule, car elle n'Opère que sur ceux que l'autre Formule a évoqués à partir des Sels ; mais il vous reste des Mains robustes, et le Poignard et le Pistolet, et les Tombes ne sont pas difficiles à creuser, et les Acides ne refusent pas de brûler. On me dit que vous lui avez promis B.F. Il me le faudra par la suite. Faites très attention à ce que vous évoquez et méfiez-vous du Jeune Homme. D'ici un an nous pourrons évoquer les Légions Souterraines, et dès lors il n'y aura plus de Limites à notre Pouvoir. Ayez confiance en mes paroles, car, vous le savez, O. et moi-même avons eu 150 années de plus que vous pour étudier ces Matières.*

Nephren-Ka nai Hadoth.

EDW. H.

Pour J. Curwen, Es q.,
Providence.

Si Mr Ward et le Dr Willet s'abstinrent de montrer cette lettre aux aliénistes, cela ne les empêcha pas d'agir. Aucun sophisme ne pouvait plus cacher la sinistre vérité : le Dr Allen entretenait une correspondance suivie avec deux personnages étranges que Charles avait visités au cours de ses voyages, et qui prétendaient être des avatars des anciens amis de Joseph

Curwen à Salem ; en outre, lui-même se considérait comme la réincarnation du vieux sorcier, et il nourrissait des desseins meurtriers contre « un jeune homme » qui ne pouvait être que Charles Ward. En conséquence, tout en remerciant le Ciel de ce que son fils fût en sécurité dans la maison de santé, Mr Ward engagea plusieurs détectives à son service et leur demanda de se procurer tous les renseignements possibles sur le mystérieux Dr Allen. Il leur confia la clé du bungalow et les invita à inspecter la chambre qu'avait occupée le compagnon de son fils, pour y chercher des indices intéressants. L'entretien eut lieu dans la bibliothèque de Charles, et les policiers éprouvèrent une très nette impression de soulagement quand ils sortirent de la pièce dans laquelle semblait régner une atmosphère maléfique...

Chapitre 5

Cauchemar et cataclysme

Peu de temps après eut lieu cette hideuse aventure qui a laissé sa marque indélébile sur l'âme de Marinus Bicknell Willett et a vieilli son corps de dix ans.

Le médecin, au terme d'un long entretien avec Mr Ward, était tombé d'accord avec lui sur un certain nombre de points que les aliénistes n'auraient pas manqué de tourner en ridicule. Il y avait, à travers le monde, un terrible mouvement en rapport direct avec une nécromancie plus ancienne que la sorcellerie de Salem. Au moins deux hommes vivants (et peut-être un troisième auquel ils n'osaient penser) étaient en possession d'esprits ou de personnalités qui avaient existé en 1690 ou même beaucoup plus tôt. Ce que ces horribles créatures essayaient de faire apparaissait clairement à la lumière des divers documents recueillis : elles pillaient les tombes de tous les siècles, y compris celles des hommes les plus illustres et les plus sages de l'univers, dans l'espoir de tirer des cendres de ces morts leur intelligence et leur savoir.

Ces vampires se livraient à un trafic hideux, échangeaient des ossements comme des écoliers échangent des livres, et pensaient atteindre un jour, grâce à leur sinistre alchimie, un pouvoir que nul homme ou nul groupe d'hommes n'avait jamais détenu. Ils avaient découvert le moyen de conserver leur cerveau vivant, soit dans un même corps, soit dans des corps différents ; et ils étaient arrivés à communiquer avec les morts qu'ils se procuraient. Selon toute vraisemblance, le vieux Borellus avait dit vrai en prétendant qu'on pouvait évoquer une forme corporelle vivante à partir de certains « Sels essentiels ». Il y avait une formule pour faire surgir cette forme, et une autre pour la renvoyer dans le néant. Des erreurs pouvaient se produire, car les stèles des vieilles tombes se trouvaient souvent déplacées.

Mr Ward et le Dr Willett frissonnèrent tandis qu'ils passaient de conclusion en conclusion. On pouvait tirer des présences ou des voix de sphères inconnues aussi bien que des tombeaux, et, dans ce domaine-là également, il fallait user de prudence. Sans aucun doute, Joseph Curwen s'était livré à des évocations interdites. Quant à Charles... que pouvait-on penser de lui ? Quelles forces cosmiques, datant de l'époque de Curwen, étaient parvenues jusqu'à lui et avaient tourné son esprit vers les choses du passé ? Il avait reçu certaines directives qu'il avait suivies. Il était allé rejoindre un inconnu à Prague, et avait séjourné longtemps dans un mystérieux château de Transylvanie. En outre, il avait dû trouver la tombe de Joseph Curwen. Ensuite, il avait évoqué une créature qui avait dû venir. On ne pouvait oublier cette voix formidable venue d'en haut, la nuit du vendredi saint, ni cette conversation à *deux* dans le laboratoire de la mansarde.

La discussion entendue dans la pièce fermée à clé n'avait-elle pas eu lieu juste avant l'épidémie d'actes de vampirisme ? Qui donc avait voulu se venger en violant la tombe d'Ezra Weeden ? Puis il y avait eu le bungalow, l'étrange Dr Allen, les commérages, la crainte et la haine. Les deux hommes étaient incapables d'expliquer clairement la folie de Charles, mais ils avaient la certitude que l'esprit de Joseph Curwen était revenu sur la terre pour continuer ses recherches blasphématoires. La possession démoniaque semblait une chose possible. Le Dr Allen n'y était pas étranger, et les détectives devaient découvrir d'autres renseignements sur cet homme sinistre qui menaçait la vie de Charles. En attendant, puisque l'existence d'une vaste crypte sous le bungalow paraissait à peu près certaine, il fallait tenter de la découvrir. En conséquence, les deux hommes résolurent de se rendre au bungalow le lendemain matin, munis de valises pleines d'outils nécessaires à des fouilles souterraines.

Le 6 avril, à 10 heures du matin, les explorateurs pénétrèrent dans la maison maudite. D'après le désordre qui régnait dans la chambre du Dr Allen, ils comprirent que les détectives étaient passés par là, et espérèrent qu'ils avaient trouvé des indices importants. Comme la cave les intéressait tout particulièrement, ils y descendirent sans plus attendre.

Pendant assez longtemps, ils furent fort embarrassés, car l'aspect du sol et des parois semblait exclure l'existence d'une ouverture quelconque. Willett entreprit un examen minutieux de toutes les surfaces, horizontales et verticales ; en procédant par élimination, il finit par arriver à la petite plate-forme devant la chaudière de la buanderie. Après avoir exercé sur elle plusieurs poussées dans tous les sens, il découvrit enfin que le dessus tournait et glissait horizontalement sur un pivot. Au-dessous se trouvait une surface de béton pourvue d'un trou d'homme. Mr Ward se précipita aussitôt dans cette direction et ôta le couvercle sans aucune difficulté. Aussitôt Willett le vit vaciller, se hâta de le rejoindre, le saisit dans ses bras, et reconnut la cause de son malaise dans le courant d'air méphitique provenant du trou.

Le médecin transporta son compagnon évanoui à l'étage supérieur, l'étendit sur le plancher et lui aspergea le visage d'eau froide. Mr Ward ne tarda pas à revenir à lui, mais il était visible que l'air émané de la crypte l'avait rendu sérieusement malade. Ne voulant courir aucun risque, Willett alla chercher un taxi dans Broad Street et renvoya son compagnon au logis. Puis il se munit d'une lampe électrique, se couvrit le nez d'une bande de gaze stérilisée, et regagna la cave pour examiner le puits. L'air était devenu moins nauséabond, et Willett parvint à diriger un faisceau de lumière à l'intérieur du trou. Jusqu'à dix pieds de profondeur, il vit une surface bétonnée munie d'une échelle de fer ; ensuite le puits aboutissait à un vieil escalier de pierre qui, à l'origine, devait mener à l'air libre en un point situé un peu au sud du bungalow.

Willett reconnaît franchement que, l'espace de quelques secondes, le souvenir des vieilles légendes au sujet de Joseph Curwen l'empêcha de s'enfoncer dans cet abîme empesté. À la fin, le devoir l'emporta, et le docteur pénétra dans le puits, emportant avec lui une grande valise pour y enfermer les papiers qu'il pourrait trouver. Lentement, comme il convenait à un homme de son âge, il descendit l'échelle jusqu'aux marches gluantes. Sa lampe électrique lui révéla que les murs antiques, ruisselants d'humidité, étaient recouverts d'une mousse plusieurs fois centenaire. Les degrés de pierre s'enfonçaient sous terre, non pas en spirale, mais en trois tournants brusques. L'escalier était si étroit que deux hommes auraient eu du mal à y passer de front. Willett avait compté trente marches quand il entendit un faible bruit qui lui enleva toute envie de continuer à compter.

C'était un de ces sons impies, abominables, que rien ne saurait décrire. Parler d'un gémissement morne et sans âme, d'un hurlement d'épouvante poussé par un chœur de damnés, ne suffirait pas à exprimer sa hideur quintessentielle. Il provenait d'un point indéterminé, et il continua à se faire entendre lorsque Willett atteignit, au bas de l'escalier, un couloir aux dimensions cyclopéennes, dont les parois étaient percées de nombreux passages voûtés. Il mesurait environ quinze pieds de haut et dix pieds de large. On ne pouvait se faire une idée de sa longueur, car il se perdait au loin dans les ténèbres.

Surmontant la crainte que lui inspiraient l'odeur infecte et le hurlement continuel, Willett se mit à explorer les passages voûtés l'un après l'autre. Chacun d'eux menait à une salle de taille moyenne qui semblait avoir servi à d'étranges usages. Le vieux médecin n'avait jamais vu rien de comparable aux instruments dont ils distinguait à peine la forme sous un amas de poussière et de toiles d'araignées datant d'un siècle et demi : car plusieurs de ces salles devaient représenter les phases les plus anciennes des expériences de Joseph Curwen. Par contre, la dernière dans laquelle pénétra Willet avait été occupée récemment. Elle contenait des rayonnages, des tables, des armoires, des chaises, et un bureau surchargé de papiers appartenant à des époques différentes. En plusieurs endroits se trouvaient des bougies et des lampes à pétrole ; le médecin en alluma quelques-unes pour mieux y voir.

Il constata alors que cette pièce était le dernier bureau de travail de Charles Ward. Comme il connaissait la plupart des livres, et comme presque tous les meubles provenaient de la maison de Prospect Street, il éprouva un sentiment de familiarité si intense qu'il en oublia la puanteur et les hurlements, pourtant beaucoup plus nets en ce lieu qu'au bas de l'escalier. Sa première tâche consistait à s'emparer de tous les documents présentant une importance vitale. Il se mit sans tarder à la besogne et s'aperçut bientôt qu'il faudrait des mois, sinon des années, pour déchiffrer cet amas de papiers couverts d'écritures étranges et de curieux dessins. (Il trouva entre autres de gros paquets de lettres portant le tampon de Prague ou de Rakus et manifestement rédigées par Orne ou par Hutchinson.)

Finalement, dans un petit bureau d'acajou, Willett découvrit les documents de Joseph Curwen que Charles lui avait laissé entrevoir à contrecœur, plusieurs années auparavant. Il mit tout le paquet dans sa valise, puis continua d'examiner les dossiers, en concentrant son attention sur les documents les plus modernes. Or, ces manuscrits contemporains présentaient une caractéristique bizarre : très peu d'entre eux avaient été rédigés par Charles Ward, alors que des rames entières de papier étaient couvertes d'une écriture absolument identique à celle de Joseph Curwen, malgré leur date récente. La seule conclusion possible était que le jeune homme s'était employé, avec un succès prodigieux, à imiter la graphie du vieux sorcier. Par ailleurs, il n'existait pas trace d'une troisième écriture qui eût été celle du Dr Allen.

Dans cet amas de notes et de symboles, une formule mystique revenait si souvent que Willett la sut par cœur avant d'avoir terminé ses recherches. Elle se trouvait disposée sur deux colonnes parallèles : celle de gauche était surmontée du symbole archaïque nommé « Tête de Dragon », utilisé dans les almanachs pour marquer le nœud ascendant de la Lune ; en haut de celle de droite se trouvait le signe de la « Queue du Dragon », ou nœud descendant. Le médecin se rendit compte que la deuxième partie de la formule n'était autre que la première écrite à l'envers à l'exception des monosyllabes de la fin et du mot *Yog-Sothoth*. En voici la reproduction exacte :

Ω	U
Y'AI'NG' NGAH	OGTHROD AI'F
YOG-SOTHOTH	GEB'L — EE'H
H'EE — L'GEB	YOG-SOTHOTH
F'AI THRODOG	'NGAH'NG AI'Y
UAAAH	ZHRO

    Willett fut tellement fasciné par ces deux formules qu'il se surprit bientôt à les répéter à voix basse. Au bout d'un certain temps, il jugea qu'il avait rassemblé assez de documents pour convaincre les aliénistes de la nécessité d'une enquête plus systématique. Mais il lui restait encore à trouver le laboratoire caché. En conséquence, laissant sa valise dans la salle éclairée, il s'engagea de nouveau dans le couloir ténébreux et empesté sous la voûte duquel le hideux gémissement continuait à se faire entendre.

    Les quelques pièces où il pénétra étaient pleines de caisses pourries et de cercueils de plomb à l'aspect sinistre. Il pensa aux esclaves et aux marins disparus, aux tombes violées dans toutes les parties du monde, à l'attaque finale de la ferme de Pawtuxet Road ; puis il décida qu'il valait mieux ne plus penser... Soudain, les murs semblèrent disparaître devant lui, tandis que la puanteur et le gémissement devenaient plus forts. Willett s'aperçut alors qu'il était arrivé dans une salle si vaste que la clarté de sa lampe n'en atteignait pas l'autre extrémité.

    Au bout d'un certain temps, il arriva à un cercle d'énormes piliers au centre desquels se trouvait un autel couvert de sculptures si curieuses qu'il s'approcha pour les examiner. Mais quand il eut vu ce qu'elles étaient, il se rejeta en arrière en frissonnant et ne s'attarda pas à regarder les taches sombres sur le dessus et les côtés de l'autel. Par contre, il trouva le mur du fond qui formait un cercle gigantesque ou s'ouvraient quelques entrées de portes, découpé par des centaines de cellules vides munies de grilles de fer et de chaînes scellées dans la maçonnerie.

Cependant, la hideuse puanteur et le gémissement lugubre étaient tellement plus nets dans cette vaste salle souterraine que le médecin fut contraint de leur accorder toute son attention. Ayant projeté la lumière de sa lampe sur le sol, il s'aperçut que, par endroits, à intervalles irréguliers certaines dalles étaient percées de petits trous. Une longue échelle, négligemment posée sur le sol, semblait complètement imprégnée de l'affreuse odeur qui régnait partout. Soudain, Willett constata que l'odeur et le bruit paraissaient plus forts immédiatement au-dessus des dalles percées de trous, comme si elles eussent été des trappes donnant accès à de plus grandes profondeurs. Il s'agenouilla près de l'une d'elles, et parvint à l'ébranler non sans difficulté. Aussitôt le gémissement devint plus aigu, et il lui fallut rassembler tout son courage pour continuer à soulever la lourde pierre. Une puanteur innommable monta des entrailles de la terre, et le médecin se sentit pris de vertige tandis qu'il dirigeait la clarté de sa lampe vers l'ouverture noire.

Si Willett avait espéré découvrir un escalier menant à un gouffre d'abomination suprême, il dut être fort déçu car il vit seulement la paroi de brique d'un puits cylindrique, de un mètre et demi de diamètre, dépourvu de tout moyen de descente. Pendant que le faisceau lumineux s'abaissait vers le fond du puits, le gémissement se transforma en une série de cris horribles, accompagnés d'un bruit d'escalade vaine et de chute visqueuse. L'explorateur se mit à trembler, refusant même d'imaginer quelle abominable créature pouvait bien s'embusquer dans cet abîme. Mais un instant plus tard, il rassembla le courage nécessaire pour se pencher par-dessus la margelle grossière, tenant sa lampe à bout de bras. Tout d'abord, il ne put discerner rien d'autre que les parois gluantes et couvertes de mousse ; ensuite, il aperçut une forme noire en train de bondir maladroitement au fond de l'étroit cylindre, à vingt-cinq pieds environ au-dessous de lui. La lampe trembla dans sa main, mais il regarda de nouveau pour mieux voir quelle était la créature vivante emmurée dans les ténèbres de sa prison où elle mourait de faim depuis le départ de Charles Ward, un mois auparavant. À n'en pas douter, il devait y en avoir un grand nombre au fond des autres puits recouverts de dalles perforées, où elles n'avaient pas la place de s'étendre, et où elles avaient dû rester tapies en bondissant faiblement de temps à autre pendant ces quatre semaines abominables.

Mais Marinus Bicknell Willett se repentit d'avoir regardé une deuxième fois, car, depuis lors, il n'a plus jamais été le même. Il est difficile d'expliquer comment la seule vue d'un objet tangible, aux dimensions mesurables, a pu bouleverser à ce point un homme habitué au spectacle macabre des salles de dissection. Tout ce que nous pouvons dire, c'est que certaines formes ou entités détiennent un pouvoir de suggestion qui fait entrevoir d'innombrables réalités au-delà du monde illusoire où nous nous enfermons. De toute évidence, Willett aperçut une entité de ce genre, car, pendant quelques instants, il fut frappé d'une démence frénétique. Il lâcha sa lampe, et ne prêta pas la moindre attention au grincement des dents qui se refermèrent sur elle au fond du puits. Il se mit à hurler d'une voix suraiguë, méconnaissable, et, incapable de se relever, il rampa désespérément sur les dalles humides d'où montaient de faibles cris qui répondaient aux siens. Il déchira ses mains sur les pierres rugueuses et se meurtrit fréquemment la tête contre les piliers, mais il poursuivit sa route. Ensuite, il reprit lentement conscience et se boucha les oreilles pour ne plus entendre le concert de gémissements lugubres qui avait succédé aux cris. Ruisselant de sueur, dépourvu de tout moyen d'éclairage, accablé par le souvenir d'une effroyable vision, il songeait avec horreur que des douzaines de ces créatures terrifiantes vivaient encore au-dessous de lui, et qu'un des puits était resté ouvert...

Par la suite, il refusa toujours de dire exactement ce qu'il avait vu. L'entité prisonnière ressemblait à certaines sculptures de l'autel. De toute évidence, elle n'avait pas été créée par la nature, car elle n'était pas *finie* et nul ne saurait décrire ses proportions anormales. Selon Willett, elle représentait le type de ces formes que Ward avait suscitées à partir de *sels imparfaits*. Sur le moment, le médecin se rappela une phrase de la lettre de Simon ou Jedediah Orne adressée à Joseph Curwen :

« À n'en point douter, il n'y avait Rien que de très Abominable dans ce que H. a fait surgir en partant de ce qu'il n'avait pu réunir dans sa totalité. »

Puis il lui revint en mémoire le souvenir des rumeurs concernant le cadavre calciné trouvé dans les champs une semaine après l'attaque de la ferme de Joseph Curwen. Charles Ward avait raconté à Willett que, selon le vieux Slocum, ce n'était pas un cadavre d'homme, et qu'il ne ressemblait à aucun animal connu des habitants de Pawtuxet.

Ces mots résonnaient dans sa tête tandis qu'il se balançait de droite à gauche, accroupi sur les dalles de pierre. Il essaya de les chasser en récitant le Notre Père ; puis il se surprit à répéter la double formule qu'il venait de découvrir dans la bibliothèque souterraine. Cela sembla le calmer, et il parvint à se mettre sur pied en chancelant. Déplorant amèrement la perte de sa lampe, il regarda avec attention tout autour de lui dans l'espoir de discerner une faible lueur provenant de la bibliothèque. Au bout d'un certain temps, il crut apercevoir dans le lointain une vague clarté, et se traîna à quatre pattes dans cette direction avec une prudence terrifiée, craignant sans cesse de se cogner contre un pilier ou de tomber dans le puits ouvert.

À un moment donné, il toucha la dalle perforée de trous qu'il avait enlevée, et une angoisse atroce s'empara de lui. Mais il eut la chance d'éviter l'ouverture béante, d'où aucun bruit ne montait à présent : la créature qui avait tenté de broyer la lampe électrique entre ses dents ne pouvait plus se faire entendre... À plusieurs reprises, au cours de sa lente progression, il vit diminuer la lueur qui lui servait de guide, et il comprit que les lampes et les bougies allumées par ses soins devaient s'éteindre l'une après l'autre. L'idée d'être perdu au cœur des ténèbres de ce labyrinthe cauchemardesque le poussa à se relever et à courir ; car, la dernière lumière une fois disparue, il ne lui resterait plus qu'un seul espoir de survivre : l'arrivée des secours que pourrait lui envoyer Mr Ward au bout d'un temps plus ou moins long. Bientôt, il atteignit le couloir et vit que la lueur provenait d'une porte à sa droite. Un instant plus tard, il se retrouvait dans la bibliothèque secrète de Charles Ward et regardait mourir la dernière lampe qui venait d'assurer son salut.

Il se hâta de regarnir les lampes éteintes en puisant dans une réserve de pétrole qu'il avait remarquée en arrivant dans la pièce pour la première fois ; puis il chercha autour de lui une lanterne pour continuer son exploration. En effet, malgré sa terrible aventure, il était bien résolu à ne rien négliger dans sa recherche des faits susceptibles d'expliquer la folie de Charles Ward. Faute de lanterne, il choisit la plus petite des lampes ; ensuite, il remplit ses poches de bougies et d'allumettes, et se munit d'un bidon de cinq litres d'essence dans le cas où il découvrirait un laboratoire caché au-delà de la terrible salle au sol percé de puits. Il lui faudrait rassembler tout son courage pour revenir dans ce lieu ; mais fort heureusement, ni l'autel ni le puits découvert ne se trouvaient près du mur concave percé de cellules, dont les ténébreuses entrées de portes devaient constituer le but logique de son exploration.

Après avoir traversé d'un pas ferme l'immense pièce à l'air empesté, Willett constata que les entrées mystérieuses donnaient accès à des pièces qui devaient servir de réserves. L'une était bourrée de ballots de costumes moisis datant de cent cinquante ans. Une autre contenait différents articles de vêtements modernes, comme si l'on s'était proposé d'équiper progressivement une troupe d'hommes assez nombreuse. Mais ce qui lui déplut particulièrement, ce fut les énormes cuves de cuivre qu'il trouva de temps à autre ; elles lui inspirèrent une horreur encore plus grande que les bols de plomb à la forme bizarre dans lesquels subsistait un dépôt malsain dont l'odeur répugnante l'emportait sur la puanteur générale de la crypte.

Quand il eut exploré environ la moitié du mur, il vit un autre couloir semblable à celui d'où il était venu, dans lequel s'ouvraient plusieurs portes. Il s'y engagea aussitôt, et, après avoir examiné trois pièces dépourvues d'intérêt, il arriva enfin à une salle oblongue pleine de tables, de réservoirs, de fourneaux, d'instruments modernes, de flacons et de jarres : c'était le laboratoire de Charles Ward et, avant lui, de Joseph Curwen.

Ayant trouvé trois lampes garnies, le Dr Willett les alluma, puis se mit à examiner le contenu de la pièce avec le plus vif intérêt. Mais tout cet ensemble d'appareils scientifiques (au nombre desquels il y avait une table à dissection) ne lui apprit pas grand-chose, sinon que le jeune Ward avait dû se consacrer plus particulièrement à l'étude de la chimie organique.

Parmi les livres se trouvait un exemplaire en lambeaux de Borellus, dans lequel Ward avait souligné le même paragraphe qui avait tellement troublé le respectable Mr Merritt cent cinquante ans auparavant. Trois portes s'ouvraient sur le laboratoire. Deux d'entre elles donnaient accès à de simples réserves où s'entassaient de nombreux cercueils plus ou moins endommagés. Elles contenaient aussi beaucoup de vêtements et plusieurs bières neuves hermétiquement closes.

La troisième porte donnait sur une assez vaste salle aux murs couverts de rayonnages et renfermant en son centre une table où se trouvaient deux lampes. Willett les alluma et vit que presque tous les rayonnages étaient couverts d'étranges urnes de plomb appartenant à deux types différents : l'un très haut et dépourvu d'anses, semblable à un lekythos (jarre à huile grecque), l'autre munie d'une seule anse, pareille à une jarre de Phaleron. Elles étaient toutes munies de bouchons métalliques, et couvertes de curieux symboles en bas-relief. Les lekythoi occupaient un côté de la pièce, sous un grand écriteau portant le mot : « Custodes » ; les Phalerons étaient rangées contre la paroi opposée, sous un autre écriteau portant le mot « Materia ». À chaque jarre se trouvait fixée une étiquette de carton sur laquelle figurait un numéro. Willett en ouvrit quelques-unes au hasard ; toutes contenaient une petite quantité d'une même substance : une poudre fine très légère, de couleurs diverses, et n'ayant aucun pouvoir adhésif (ainsi que le médecin put s'en rendre compte en en versant un peu dans la paume de sa main).

Les deux écriteaux intriguèrent considérablement l'explorateur. « Custodes », « Materia », cela voulait dire en latin « Gardiens » et « Matière »... Soudain, en un éclair, il se rappela où il avait déjà vu le mot « gardiens » à propos de ce terrible mystère : c'était dans la lettre récemment adressée au Dr Allen par un correspondant qui avait emprunté l'écriture d'Edward Hutchinson : « Point n'était besoin de conserver les Gardiens sous leur Forme corporelle à ne rien faire. » Qu'est-ce que cela pouvait bien vouloir dire ? Mais voyons... il existait encore une autre référence à des « gardiens », qui avait jusqu'à présent échappé à sa mémoire. À l'époque où Ward lui faisait certaines confidences sur ses travaux, il lui avait parlé du passage du journal d'Eleazar Smith dans lequel celui-ci mentionnait des conversations terribles entre Curwen, certains de ses prisonniers, et *les « gardiens » de ces prisonniers.* Ces « gardiens », selon la lettre de Hutchinson ou de son avatar, n'avaient plus rien à faire, si bien que, maintenant, le Dr Allen ne les conservait pas sous leur forme corporelle. Donc, il fallait bien conclure qu'il leur avait donné la forme de ces « sels » en lesquels ce groupe de sorciers réduisait le plus grand nombre possible de corps ou squelettes humains.

C'était donc *cela* que contenaient les lekythoi : le fruit monstrueux d'actes et de rites blasphématoires, qui pouvait être appelé à l'aide au moyen d'une incantation infernale, pour défendre le maître ou faire parler ceux qui n'y consentaient pas. Willett frémit à la pensée de ce qu'il avait fait couler dans la paume de sa main ; l'espace d'un instant, il se sentit poussé à fuir loin de ces hideux rayonnages chargés de sentinelles muettes et peut-être vigilantes. Puis il songea aux jarres rangées sous l'écriteau « Materia ». Quels sels pouvaient-elles bien contenir, puisque ce n'étaient pas les « sels » des « gardiens » ? Grand Dieu ! Renfermeraient-elles donc les reliques mortelles des plus grands penseurs de tous les siècles, arrachées à leur tombeau par ces vampires désireux d'utiliser la somme de leurs connaissances, afin d'atteindre un but insensé qui aurait pour résultat d'anéantir, selon les termes de la dernière lettre de Charles, « toute la civilisation, toutes les lois naturelles, peut-être même le destin de l'univers entier » ?

À ce moment, malgré son agitation, Willett aperçut une petite porte à l'autre extrémité de la salle, et alla examiner le signe grossier creusé au ciseau au-dessus d'elle. Il se sentit aussitôt en proie à une vague terreur, car un de ses amis à l'esprit morbide avait un jour tracé ce symbole sur un morceau de papier en lui expliquant ce qu'il signifiait dans les noirs abîmes du sommeil. C'était le signe de Koth, que certains voient en rêve au-dessus de l'entrée d'une tour noire dressée dans une lumière crépusculaire. Mais un instant plus tard, le médecin oublia les révélations de son ami en décelant dans l'air empesté une nouvelle odeur, chimique et non pas animale, provenant de la pièce au-delà de la porte : l'odeur dont les vêtements de Charles Ward étaient imprégnés le jour où on l'avait conduit à la maison de santé... Willett, fermement résolu à examiner toutes les affreuses merveilles de ce repaire souterrain, franchit le seuil sans trembler.

La salle, de taille moyenne, contenait simplement une table, une chaise et deux groupes de curieuses machines munies de roues et de courroies, dans lesquelles le médecin reconnut un instrument de torture médiéval. D'un côté de la porte, on voyait une rangée de fouets d'aspect cruel, au-dessus desquels s'alignaient, sur des rayonnages, plusieurs coupes vides en forme de cratères. De l'autre côté se trouvait la table sur laquelle étaient placés un bloc-notes, un crayon, une forte lampe et deux lekythoi. Willett alluma la lampe et examina le bloc-notes, mais il n'y vit rien que les phrases suivantes tracées, semblait-il, par la main de Joseph Curwen :

B. n'est pas mort. S'est échappé à travers les murs et a découvert le Lieu d'en dessous.

Ai vu le vieux V. dire le Sabaoth et ai appris la Façon de le faire.

Ai évoqué trois fois Yog-Sothoth et ai été délivré le Lendemain.

F. a tenté de faire disparaître tous ceux qui connaissaient le moyen d'évoquer Ceux du Dehors.

À la clarté de la lampe, le médecin vit que la paroi face à la porte, entre les deux groupes d'appareils de torture, était couverte de patères auxquelles se trouvaient accrochées des robes informes d'un blanc jaunâtre. Quant aux deux murs vides, ils présentaient toute une série de formules et de symboles mystiques creusés dans la pierre. Les dalles du sol montraient aussi des marques de dessins tracés au ciseau. Willett discerna au centre un immense pentagramme, et un cercle de trois pieds et demi de diamètre entre ce pentagramme et les coins de la pièce. Dans l'un de ces quatre cercles, non loin d'une robe négligemment jetée, se trouvait une des coupes en forme de cratère ; en dehors de la périphérie, il y avait une des jarres de Phaleron portant le n° 118. Cette dernière était vide, mais la coupe contenait une poudre verdâtre provenant manifestement de la jarre. Willett se sentit défaillir en mettant en corrélation ces différents éléments : les fouets et les instruments de torture, les sels de la jarre « Materia », les deux lekythoi, les

101

robes, les formules gravées sur les murs, les notes de la main de Joseph Curwen, les lettres et les légendes, les doutes et les hypothèses qui avaient tourmenté les parents et amis de Charles Ward...

Au prix d'un effort considérable, le vieux médecin s'arracha à l'horreur qui le submergeait pour aller examiner les formules. De toute évidence, elles avaient été gravées à l'époque de Joseph Curwen, et le texte en parut vaguement familier à l'explorateur. Dans l'une d'elles, il reconnut celle que Mrs Ward avait entendu psalmodier par son fils, le vendredi saint de l'année précédente, terrible invocation aux dieux mystérieux résidant à l'extérieur des sphères normales. Elle différait un peu par son orthographe de celle qu'un expert en la matière avait montrée à Willett dans les pages défendues d'« Eliphas Levi » ; mais il ne pouvait se tromper sur son identité ni sur des mots tels que *Sabaoth, Metraton, Almonsin* et *Zariatnatmik*.

Cette inscription se trouvait à gauche en entrant dans la pièce. Sur la paroi de droite, le médecin reconnut en sursautant la double formule qu'il avait vue si souvent dans les notes les plus récentes de la bibliothèque souterraine. Mais ici encore, l'orthographe n'était pas la même, comme si le vieux Curwen avait noté les sons d'une manière différente. Alors que la phrase apprise par Willett commençait par les mots *Y'ai' ng'ngah, Yog-Sothoth*, celle-ci se présentait sous la forme *Aye, engengah, Yogge-Sothotha*.

Cette différence troubla l'esprit de l'explorateur, et, comme le texte le plus récent était gravé dans sa mémoire, il se surprit en train de psalmodier la première formule pour faire coïncider le son qu'il concevait avec les lettres gravées sur le mur. Sa voix résonna, étrange et menaçante, dans cet abîme d'horreur, tandis que les gémissements inhumains continuaient à monter dans l'air empesté de la crypte.

Y'AI'NG' NGAH
YOG - SOTHOTH
H'EE - L'GEB
PAI THRODOG
UAAAH !

Mais quel était donc ce vent glacé qui venait de souffler au début de l'incantation ? Les lampes grésillèrent lamentablement, et l'obscurité devint si dense que les lettres sur le mur disparurent à la vue. Puis monta une épaisse fumée, accompagnée d'une odeur âcre semblable à celle qu'il avait déjà sentie. Willett se tourna vers la coupe posée sur le plancher, et vit qu'elle exhalait un nuage de vapeur verdâtre, d'un volume et d'une opacité surprenants. Cette poudre (grand Dieu ! elle provenait d'une des jarres marquées « Materia » !) qu'allait-elle donc produire ? Cette formule qu'il avait psalmodiée... la première des deux... la Tête du Dragon, nœud ascendant... Seigneur ! se pouvait-il ?...

Le médecin vacilla, et dans sa mémoire tourbillonnèrent les fragments de tout de qu'il avait vu, entendu et lu au sujet de l'affaire Charles Dexter Ward « Je vous le répète, n'évoquez Aucun Esprit que vous ne puissiez dominer... Ayez toujours prêts les Mots qui repoussent, et ne vous arrêtez pas pour avoir une certitude quand vous Doutez de l'identité de Celui que vous avez... Trois Conversations avec *Ce qui était inhumé...* »

Miséricorde ! quelle est cette forme qui apparaît derrière le rideau de fumée ?

M arinus Bicknell Willett n'a raconté son histoire qu'à ses amis les plus intimes, car il sait bien que les autres se contenteraient d'en rire. Mais Mr Ward n'ignore pas que le récit du vieux médecin est l'expression d'une horrible vérité. N'a-t-il pas vu lui-même l'ouverture pestilentielle dans la cave du bungalow ? Willett ne l'a-t-il pas renvoyé chez lui ce matin-là, à 11 heures, malade et le cœur plein d'angoisse ? N'a-t-il pas vainement téléphoné au médecin le soir même et le lendemain matin, et n'a-t-il pas gagné le bungalow à midi pour trouver son ami évanoui sur un des lits du premier étage ?...

Willett ouvrit les yeux lentement lorsque Mr Ward lui eut fait boire un peu de cognac. Ensuite, il frissonna de tout son corps et se mit à hurler : « *Cette barbe... ces yeux... Seigneur ! qui êtes-vous ?* » Paroles vraiment étranges, car elles s'adressaient à un homme aux yeux bleus, rasé de près, que le médecin connaissait depuis son enfance. Rien ne semblait changé dans le bungalow, sous les rayons d'un soleil éclatant. La lampe de l'explorateur avait disparu, mais sa valise était toujours là, complètement vide. Avant d'offrir la moindre explication, Willett, au prix d'un effort de volonté considérable, gagna la cave en chancelant ; il essaya de faire bouger la petite plate-forme devant la chaudière de la buanderie, sans pouvoir y parvenir. Ayant pris un ciseau à froid dans le sac à outils qu'il avait apporté la veille, il souleva les planches les unes après les autres, mais ne trouva aucune ouverture dans la surface lisse de ciment qu'elles recouvraient. Pas de puits pestilentiel, pas de bibliothèque secrète, pas de documents terrifiants, pas de laboratoire, pas de monstres hurlants... Le médecin pâlit et serra le bras de son ami qui était venu le rejoindre :

— Hier matin, demanda-t-il à voix basse, as-tu vu... et senti comme moi ?

Lorsque Mr Ward eut fait un signe de tête affirmatif, Willett poussa un grand soupir et ajouta :

— En ce cas, je vais tout te raconter.

Pendant une heure, dans la pièce la plus ensoleillée du bungalow, le médecin narra son effroyable aventure à son compagnon stupéfait. Mais il ne put rien dire de ce qui s'était passé après l'apparition de la forme mystérieuse derrière la vapeur verdâtre émanée de la coupe. Quand il eut terminé son récit, il se plongea dans un profond silence et ne répondit pas à la timide question posée par Mr Ward :

— Mais cette forme, où donc est-elle partie ? Car c'est elle qui t'a transporté jusqu'ici et a scellé le puits je ne sais comment...

Au moment où il allait se lever pour quitter la pièce, les doigts du Dr Willett se refermèrent sur un morceau de papier qui se trouvait dans sa poche avec quelques bougies et allumettes qu'il avait prises dans la crypte. C'était une page arrachée au bloc-notes placé sur la table de l'abominable salle souterraine, dont elle avait conservé l'âcre odeur. Elle portait, écrites au crayon, quatre lignes d'une écriture médiévale, indéchiffrable pour les deux hommes, mais contenant pourtant des combinaisons de symboles qui leur semblèrent familiers. Voici le fac-similé de ce message dont la lecture poussa Willett et Mr Ward à gagner l'automobile et à se faire conduire à la bibliothèque John Hay.

À la bibliothèque, ils trouvèrent de bons manuels de paléographie qu'ils étudièrent jusqu'au soir. À la fin, ils trouvèrent ce qu'ils cherchaient. Les lettres du manuscrit étaient les minuscules saxonnes du VIIIe ou IXe siècle avant Jésus-Christ, et elles formaient les mots latins que voici : *Corwinus, necandus est. Cadaver aq (ua) forti dissolvendum, nec aliq (ui) d retinendum. Tace ut potes.* Ce qui peut se traduire comme suit : « Il faut tuer Curwen. Le cadavre doit être dissous dans de l'eau-forte, et il ne faut rien en conserver. Garde le silence dans la mesure où tu le pourras. »

Les deux hommes, complètement déconcertés, s'aperçurent qu'ils étaient incapables d'éprouver la moindre émotion. Ils restèrent là, sans bouger, muets, épuisés de fatigue, jusqu'à ce que la fermeture de la bibliothèque les contraignît à regagner la maison de Prospect Street. Ils parlèrent toute la nuit à bâtons rompus, puis ils allèrent prendre un peu de repos. Le lendemain dimanche, à midi, ils reçurent un message téléphonique des détectives chargés de relever les traces du Dr Allen.

Mr Ward, qui se promenait nerveusement à travers la maison, répondit en personne aux policiers et les pria de venir faire leur rapport le lendemain matin. Lui et Willett se réjouirent de voir que ce côté de l'affaire commençait à prendre forme, car, quelle que fût l'origine du message trouvé dans la poche du médecin, le « Curwen » qu'il fallait tuer ne pouvait être que le mystérieux compagnon de Charles. Celui-ci avait craint cet homme ; il avait recommandé, dans sa dernière lettre au médecin, de le tuer et de le dissoudre dans de l'acide. En outre, Allen avait reçu, sous le nom de Curwen, des lettres de sorciers inconnus résidant en Europe, et il se considérait comme un avatar du nécromant de Salem. Or, voici que, maintenant, un nouveau message insistait sur la nécessité de tuer « Curwen » et de le dissoudre dans de l'eau-forte ! ... Par ailleurs, Allen n'avait-il pas l'intention d'assassiner le jeune Ward, sur le conseil d'un individu nommé Hutchinson ? Il fallait absolument appréhender le mystérieux docteur et le mettre hors d'état de nuire.

Dans l'après-midi, espérant contre tout espoir recueillir quelques bribes de renseignements de la bouche du seul être capable de les fournir, les deux hommes allèrent rendre visite à Charles dans la maison de santé. D'un ton simple et grave, Willett lui narra toutes ses découvertes, et il vit pâlir le malade à chaque description qui lui était faite. Quand il aborda le sujet des monstres enfermés dans les puits couverts, il s'efforça d'émouvoir son interlocuteur en lui disant d'une voix indignée que ces créatures mouraient de faim. Il en fut pour ses frais, car Charles, ayant cessé de nier l'existence de la crypte, semblait voir une sinistre plaisanterie dans cette affaire. Il fit entendre un ricanement diabolique, puis murmura de sa voix enrouée :

— Que le diable les emporte ! Il est vrai qu'ils mangent, mais *ils n'en ont point besoin!* Un mois sans nourriture, dites-vous ? Tudieu, monsieur, que vous êtes modeste ! Ce pauvre Whipple a été bien berné, en la circonstance ! Il voulait tout tuer, par la morbleu ! et le pauvre sot était tellement accablé par le vacarme venu de l'Extérieur qu'il n'a rien vu ni entendu de ce que renfermaient les puits. Il n'a même pas imaginé qu'ils pouvaient exister ! Que la peste vous étouffe ! *ces maudites créatures hurlent au fond de leur trou depuis qu'on a tué Curwen, voilà cent cinquante ans !*

Horrifié, Willett poursuivit son récit dans l'espoir qu'un incident quelconque ferait abandonner à son interlocuteur cette attitude démentielle. En regardant le visage du jeune homme, il fut rempli d'horreur à la vue des changements survenus au cours des derniers mois... Quand il parla de la chambre aux formules et de la poudre verdâtre, Charles manifesta une certaine animation et déclara d'un ton ironique :

— Si vous aviez connu les mots nécessaires pour évoquer ce qui se trouvait dans cette coupe, vous ne seriez pas ici en ce moment à me raconter votre histoire. C'était le n° 118, et vous auriez tremblé de la tête aux pieds si vous aviez consulté ma liste dans la pièce voisine. Moi-même je n'ai jamais évoqué ce personnage, mais je me proposais de le faire le jour où vous m'avez emmené ici.

Lorsque Willett mentionna la formule qu'il avait prononcée et la fumée verdâtre qui avait monté dans les airs, il vit pour la première fois une crainte réelle se peindre sur le visage de Charles Ward.

— Il est venu, et vous êtes encore vivant ! s'exclama le dément d'une voix rauque.

Le médecin crut comprendre la situation, et répondit en citant un passage d'une lettre qu'il se rappelait :

— Vous avez dit : le n° 118 ? Mais n'oubliez pas *qu'on a changé toutes les stèles dans neuf cimetières sur dix. Vous n'êtes sûr de rien tant que vous n'avez pas interrogé !*

Puis sans autre avertissement, il plaça le message en minuscules saxonnes devant les yeux de Charles Ward qui, aussitôt, s'évanouit.

Cet entretien avait eu lieu dans le plus grand secret pour éviter que les aliénistes n'accusent les deux hommes d'encourager le malade dans sa folie. Mr Ward et Willett étendirent Charles sur sa couchette. En revenant à lui, il marmonna à plusieurs reprises qu'il devait faire parvenir immédiatement un message à Orne et à Hutchinson. Aussi, dès qu'il eut pleinement repris conscience, le médecin lui dit qu'un de ces étranges individus au moins était son ennemi mortel et avait conseillé au Dr Allen de l'assassiner. Cette révélation ne produisit aucun effet visible, et le malade déclara qu'il ne voulait pas pousser la conversation plus loin. Au moment de partir, Willett mit de nouveau le jeune homme en garde contre le Dr Allen ; mais Charles répondit, avec un ricanement hideux, que cet individu se trouvait hors d'état de nuire à quiconque.

Il convient de signaler qu'il y eut une suite curieuse à l'affaire Orne et Hutchinson (si, du moins, telle était la véritable identité des sorciers exilés en Europe). Willett se mit en relation avec une agence internationale de coupures de presse, et demanda qu'on lui fit parvenir les articles concernant les crimes et les accidents les plus notoires à Prague et dans la Transylvanie orientale. Au bout de six mois, il estima pouvoir retenir deux faits significatifs. En premier lieu, une maison du plus ancien quartier de Prague avait été complètement détruite au cours d'une nuit, et le vieux Joseph Nadeth, qui y habitait seul depuis une époque très reculée, avait mystérieusement disparu. D'autre part, dans les montagnes à l'est de Rakus, une formidable explosion avait anéanti, avec tous ses habitants, le château Ferenczy dont le maître jouissait d'une si mauvaise réputation auprès des paysans et des soldats qu'il eût été sous peu mandé à Bucarest pour y subir un sérieux interrogatoire si cet incident n'avait mis fin à une carrière déjà anormalement longue. Willett soutient que la main qui traça le message en lettres minuscules était capable d'utiliser des armes plus terribles tout en laissant au médecin le soin de s'occuper de Curwen, l'auteur de ces lignes s'était senti à même de retrouver et d'annihiler Orne et Hutchinson.

Le lendemain matin, le Dr Willett se rendit en hâte chez Mr Ward, pour être présent au moment de l'arrivée des détectives. Les deux amis s'installèrent au rez-de-chaussée, car les étages supérieurs étaient imprégnés d'une odeur nauséabonde qui, selon les vieux domestiques, constituait une malédiction laissée par le portrait disparu de Joseph Curwen.

À 9 heures, les trois policiers se présentèrent et firent immédiatement leur rapport. Ils n'avaient pas réussi à retrouver le Dr Allen, mais ils étaient parvenus à rassembler un certain nombre de faits significatifs à son sujet. Entre autres choses, ils avaient découvert, dans une pièce du bungalow, une fausse barbe et de grosses lunettes noires prouvant que le mystérieux compagnon de Charles s'était montré sous un déguisement. Par ailleurs, un commerçant de Pawtuxet avait vu un spécimen de son écriture qui lui avait semblé fort étrange, presque illisible.

La plupart des habitants du village tenaient le Dr Allen pour responsable des profanations de tombes commises au cours de l'été précédent. Les enquêteurs qui avaient visité le bungalow après l'incident du camion dévalisé s'accordaient pour reconnaître qu'Allen parlait et agissait en maître ; sa barbe ne paraissait pas naturelle, et il avait une petite cicatrice au-dessus de l'œil droit. Quant à la fouille de sa chambre, elle n'avait donné rien de précis, sauf la barbe, les lunettes, et plusieurs notes au crayon dont Willett identifia immédiatement l'écriture avec celle des manuscrits de Joseph Curwen et des papiers récemment rédigés par le jeune Ward.

Le médecin et son ami se sentirent en proie à une terreur cosmique à mesure que tous ces faits leur étaient révélés et qu'une pensée démentielle s'insinuait dans leur esprit. La fausse barbe, les lunettes, l'écriture étrange de Curwen... l'antique portrait avec sa petite cicatrice *que l'on retrouvait sur le front du malade enfermé dans la maison de santé...* cette voix entendue par Mr Ward au téléphone, cette voix enrouée absolument semblable à celle de son fils... Qui avait jamais vu Charles et Allen en même temps, après la visite des enquêteurs au sujet de l'affaire du camion ? N'était-ce pas à la suite du départ d'Allen que Charles avait perdu brusquement sa terreur panique et s'était installé au bungalow ? Curwen, Allen, Ward... quelle abominable fusion entre deux siècles et deux personnes ! Pourquoi le portrait de Curwen ressemblait-il tellement à Charles ? Pourquoi Charles et Allen copiaient-ils l'écriture de Joseph Curwen ? Puis il y avait encore l'horrible besogne de ces gens, la crypte abominable, les monstres affamés dans leur prison, la redoutable formule, le message en caractères minuscules, les documents, les lettres, la profanation des tombes... Quelle conclusion fallait-il tirer de tout cela ? Finalement, Mr Ward prit la seule décision raisonnable. Il dessina à l'encre, sur une photographie de son fils, une barbe et une paire de lunettes. Ensuite, il confia cette image aux détectives en leur demandant d'aller la montrer à ceux des commerçants de Pawtuxet qui avaient vu le mystérieux Dr Allen.

Willett et son ami attendirent pendant deux heures dans la maison à l'atmosphère empoisonnée. Puis les détectives revinrent. Oui, la photographie transformée était une image assez fidèle du Dr Allen. Mr Ward blêmit, et Willett s'épongea le front. Allen, Ward, Curwen... cette affaire devenait vraiment par trop hideuse. Quel démon le jeune homme avait-il fait surgir du vide ? Que s'était-il passé du début à la fin ? Qui était cet Allen qui se proposait de tuer Charles, et pourquoi ce dernier, dans le *post-scriptum* de sa lettre à Willett, avait-il dit que son mystérieux compagnon devait être dissous dans de l'acide ? D'autre part, pourquoi le message en lettres minuscules recommandait-il de détruire Curwen par le même moyen ? Quelle métamorphose s'était donc produite en la personne de Charles, et à quel moment ? Le jour où Willett avait reçu sa dernière lettre, le jeune homme s'était montré inquiet toute la matinée, puis son attitude avait brusquement changé : il était sorti de la maison à l'insu de tout le monde, pour rentrer ensuite d'un air fanfaron en passant devant les policiers chargés de veiller sur lui. Néanmoins, il avait poussé un cri de terreur en pénétrant dans sa salle de travail. Qu'y avait-il donc trouvé ? Ou, plutôt, *qu'est-ce qui l'avait trouvé, lui* ? Ce simulacre qu'on avait vu rentrer sans qu'on l'eût vu sortir, n'était-ce pas une ombre démoniaque imposant sa présence à quelqu'un qui n'avait pas du tout quitté la pièce ? Le maître d'hôtel n'avait-il pas mentionné des bruits étranges ?

Willett sonna le domestique et lui posa quelques questions à voix basse. L'homme déclara qu'il avait dû se passer une vilaine affaire. Il avait entendu un cri, un soupir, un son étranglé, un bruit de chute lourde. Mr Charles n'était plus le même quand il était sorti à grands pas, sans dire un mot. Le maître d'hôtel frissonnait tout en parlant. L'atmosphère de la maison semblait imprégnée d'horreur. Les détectives eux-mêmes se sentaient mal à l'aise. Le Dr Willett roulait dans sa tête de terribles pensées, et murmurait parfois des paroles inintelligibles.

Finalement, Mr Ward déclara que l'entretien était terminé. Les policiers et le domestique se retirèrent, les deux hommes restèrent seuls dans la pièce. Bien qu'il fût midi, des ombres semblables à celles du crépuscule recouvraient la maison. Le Dr Willett commença à parler sérieusement à son hôte, et le pria de lui confier le soin des recherches qui restaient à entreprendre : certaines choses pouvaient être mieux supportées par un ami que par un père. En tant que médecin de la famille, il devait avoir les mains libres, et, avant toute chose, il demandait qu'on le laissât seul dans l'ancienne bibliothèque de Charles aussi longtemps qu'il le jugerait utile.

Mr Ward, écrasé par le flot d'horribles suggestions qui se déversait sur lui de tous côtés, accéda à cette requête. Une demi-heure plus tard, le médecin était enfermé dans la pièce maudite contenant les panneaux de boiserie de la maison d'Olney Court. Le père de Charles, qui écoutait à la porte, entendit d'abord un grand remue-ménage ; puis il y eut un fort craquement, comme si l'on ouvrait par la force une armoire hermétiquement close ; ensuite vint un cri étouffé, et ce que l'on avait ouvert fut refermé violemment. Une seconde plus tard, la clé grinça dans la serrure ; Willett, hagard et blême, parut sur le seuil et demanda qu'on lui fournît du bois de chauffage. N'osant pas lui poser de question, Mr Ward donna des ordres à un domestique qui apporta de grosses bûches de pin et les déposa dans l'âtre. Cependant, Willett était monté jusqu'au laboratoire d'où il revint transportant divers objets dans un panier couvert.

Puis le médecin s'enferma de nouveau dans la bibliothèque, et, bientôt, des nuages de fumée passèrent devant les fenêtres. Un peu plus tard, on entendit pour la seconde fois un étrange craquement suivi par le bruit mat d'une chute lourde. Ensuite, Willett poussa deux cris étouffés. Finalement, la fumée rabattue par le vent devint particulièrement âcre et sombre ; Mr Ward et les domestiques furent incommodés par l'odeur qu'elle

111

répandait. Après un siècle d'attente, les vapeurs devinrent plus légères, et on entendit dans la bibliothèque le bruit de diverses opérations de nettoyage. Enfin, Willett sortit de la pièce, ses traits décomposés empreints d'une tristesse infinie, portant le panier couvert qu'il était allé prendre dans le laboratoire. Il avait laissé la fenêtre ouverte, et dans la pièce funeste entrait à flots un air pur qui se mêlait à une étrange odeur de désinfectant. La vieille boiserie au-dessus de la cheminée semblait maintenant dépourvue de tout pouvoir maléfique, comme si le portrait de Joseph Curwen n'y avait jamais été peint. La nuit tombait, mais elle n'apportait aucun sentiment de crainte. Le médecin refusa de dire ce qu'il avait fait et se contenta de déclarer à Mr Ward :

— Je ne peux répondre à aucune question. Sache seulement qu'il y a différentes espèces de magie. J'ai opéré une grande lustration. Les habitants de cette maison dormiront mieux à l'avenir.

La « lustration » du Dr Willett avait été une ordalie aussi terrible que son aventure dans la crypte : une fois rentré chez lui, il dut garder la chambre pendant trois jours. Pourtant, les domestiques murmurèrent par la suite qu'ils l'avaient entendu sortir sans bruit de la pièce, le mercredi après minuit. Fort heureusement, ils ne songèrent pas à rapprocher ce fait de l'article suivant qui parut le jeudi dans *l'Evening Bulletin* :

NOUVEL ACTE DE VANDALISME

Dix mois après la profanation de la tombe d'Ezra Weeden dans le cimetière du Nord, un rôdeur nocturne a été aperçu à 2 heures du matin, dans le même cimetière, par le veilleur Robert Hart. Ayant entrouvert par hasard la porte de sa loge, Hart vit à quelque distance la silhouette d'un homme porteur d'une lampe électrique et d'une truelle. Il se précipita aussitôt dans sa direction, mais l'intrus se sauva et parvint à gagner la rue où il se perdit dans l'obscurité.

Comme les vampires de l'année précédente, ce rôdeur avait fait des dégâts insignifiants : une petite partie vide de la concession de la famille Ward avait été creusée très superficiellement, sans qu'aucune tombe eût été violée.

Hart, qui ne peut décrire le rôdeur que comme un petit homme barbu, croit que les trois incidents dont le cimetière a été le théâtre ont une source commune. Mais la police ne partage pas cette opinion, en raison du caractère brutal du second d'entre eux :

on se rappelle qu'un cercueil avait été enlevé, et une stèle brisée en morceaux.

On a attribué la responsabilité du premier de ces actes de vandalisme, qui s'est produit l'année dernière au mois de mars, à des contrebandiers en alcool désireux d'enfouir des denrées volées. L'inspecteur Riley estime que cette troisième affaire est du même genre. La police prend des mesures extraordinaires pour arrêter la bande de mécréants coupables de ces profanations.

Willett se reposa pendant toute la journée du jeudi. Au cours de la soirée, il écrivit à Mr Ward une lettre qui plongea le père de Charles dans un abîme de méditations, et lui apporta une certaine sérénité bien qu'elle lui promît beaucoup de tristesse. En voici la teneur :

10, Barnes Street,
Providence, R.I.,
12 avril 1928.

Mon cher Theodore,

J'éprouve le besoin de t'écrire ces lignes avant de faire ce que je me propose de faire dès demain. L'acte que je vais accomplir mettra fin à la terrible aventure que nous venons de vivre, mais je crains qu'il ne t'apporte point la paix de l'esprit si je ne te donne pas l'assurance formelle qu'il sera décisif.

Tu me connais depuis ton enfance ; c'est pourquoi j'espère que tu me croiras lorsque je te dirai qu'il vaut mieux laisser dans l'ombre certaines choses. Ne te livre plus à aucune hypothèse sur le cas de ton fils, et surtout ne dis rien à sa mère en dehors de ce qu'elle soupçonne déjà. Demain, quand j'irai te rendre visite, Charles se sera enfui de la maison de santé. C'est tout ce qui doit rester dans ton esprit : il était fou, il s'est enfui. Je te conseille d'aller rejoindre sa mère à Atlantic City, et de te reposer auprès d'elle. Moi-même, je vais partir pour le Sud afin de retrouver du calme et des forces.

Donc, ne me pose pas de questions quand tu recevras ma visite. Je suis certain de réussir dans mon entreprise, et je puis t'affirmer que tu n'auras plus aucun motif d'inquiétude, car Charles sera en parfaite sécurité. D'ailleurs, il l'est déjà, et beaucoup plus que tu ne saurais l'imaginer. Ne crains plus rien au sujet d'Allen : il appartient au passé autant que le portrait de Joseph Curwen. Enfin, sache que l'auteur du message en lettres minuscules ne tourmentera jamais ni toi-même ni aucun des tiens.

Mais tu dois t'endurcir contre la tristesse, et préparer ta femme à en faire autant. Je ne puis te cacher que l'évasion de Charles ne signifiera pas qu'il te sera rendu. Il a été frappé d'un mal étrange, comme en témoignent ses métamorphoses physiques et morales, et tu ne le reverras jamais. Que ceci te soit une consolation : il n'a jamais été un monstre, ni même un fou ; mais son amour de l'étude et des mystères de jadis ont causé sa perte. Il a découvert des choses que nul mortel ne devrait connaître ; il est remonté trop loin dans le passé, et le passé a fini par l'engloutir.

Et voici maintenant le point sur lequel je dois te demander de me faire plus particulièrement confiance. Car, en vérité, il n'y aura pas la moindre incertitude sur le sort de Charles. D'ici un an, ton fils ne sera plus de ce monde. Tu pourras ériger une stèle dans ta concession du cimetière du Nord, à dix pieds à l'ouest de la tombe de ton père, et elle marquera exactement le lieu de repos de Charles. Et tu n'as pas besoin de craindre qu'il y ait un monstre sous la terre à cet endroit. Les cendres enfermées dans cette tombe seront celles de ta chair et de tes os, celles du vrai Charles Dexter Ward qui portait un signe de naissance en forme d'olive sur la hanche, celles de ce Charles qui n'a jamais rien fait de mal et qui a payé de sa vie ses scrupules trop justifiés.

C'est tout ce que j'avais à te dire. Ne me pose pas de question demain, et sois bien persuadé que l'honneur de ta famille demeure sans tache comme par le passé.

Sois courageux et calme, et crois à ma très fidèle et très profonde amitié.

Marinus B. Willett.

Le matin du vendredi 13 avril 1928, Willett alla rendre visite à Charles Dexter Ward dans sa chambre de la maison de santé du Dr Waite. Le jeune homme, d'humeur morose, parut peu enclin à entamer la conversation que son visiteur désirait avoir avec lui. L'aventure du médecin dans la crypte infernale avait, naturellement, créé une nouvelle cause d'embarras, si bien que les deux hommes observèrent un silence oppressant après avoir échangé quelques banalités. La gêne s'accrut lorsque Ward sembla deviner que, depuis sa dernière visite, le paisible praticien avait fait place à un implacable vengeur. Il blêmit, et Willett fut le premier à parler :

— Je dois vous avertir que nous avons fait de nouvelles découvertes et qu'il va falloir procéder à un règlement de comptes.

— Vous avez découvert d'autres petites bêtes affamées ? répliqua le jeune homme d'un ton ironique.

— Non, mais nous avons trouvé dans le bungalow la fausse barbe et les lunettes du Dr Allen.

— Voilà qui est parfait ! J'espère qu'elles se sont révélées plus seyantes que la barbe et les lunettes que vous portez en ce moment !

— En vérité, elles vous siéraient très bien, *comme elles semblent l'avoir fait ces temps derniers.*

Tandis que Willett prononçait ces mots, il eut l'impression qu'un nuage passait devant le soleil, bien que les ombres sur le plancher ne fussent en rien modifiées.

— Et en quoi exige-t-il un règlement de comptes ? Un homme n'a-t-il pas le droit d'emprunter une seconde personnalité s'il le juge utile ?

— Vous vous trompez à nouveau, répondit le médecin d'un ton grave. Peu m'importe qu'un homme se présente sous deux aspects différents, *à condition qu'il ait le droit d'exister et qu'il ne détruise pas celui qui l'a fait surgir de l'espace.*

Ward sursauta violemment avant de demander :

— Eh bien, monsieur, qu'avez-vous découvert, et que me voulez-vous ?

Willett attendit quelques instants avant de parler, comme s'il cherchait ses mots :

— J'ai découvert quelque chose dans une armoire derrière un panneau de boiserie sur lequel se trouvait jadis un portrait. J'ai brûlé ma trouvaille et j'ai enseveli les cendres à l'endroit où doit se trouver la tombe de Charles Dexter Ward.

Le fou bondit hors de son fauteuil en poussant un cri étranglé :

— Que le diable vous emporte ! À qui l'avez-vous dit ? Et qui donc croira que c'était lui, après deux bons mois, alors que je suis vivant ? Qu'avez-vous l'intention de faire ?

Willett revêtit une sorte de majesté suprême, tandis qu'il calmait le malade d'un geste de la main :

— Je n'ai rien dit à personne. Cette affaire est une abomination issue des abîmes du temps et de l'espace, qui échappe à la compétence de la police, des tribunaux et des médecins. Dieu merci, j'ai gardé suffisamment d'imagination pour ne pas m'égarer en l'étudiant. *Vous ne pouvez pas m'abuser, Joseph Curwen, car je sais que votre maudite magie n'est que trop vraie !*

« Je sais comment vous avez trouvé le charme qui est resté en suspens en dehors des années avant de se fixer sur votre descendant (et votre double) ; je sais comment vous avez amené ce dernier à vous tirer de votre tombe détestable ; je sais qu'il vous a caché dans son laboratoire, que vous vous êtes adonné à l'étude des temps présents, que vous avez erré la nuit comme un vampire, et que vous avez emprunté plus tard un déguisement pour éviter qu'on ne remarque votre ressemblance extraordinaire avec lui ; je sais, enfin, ce que vous avez décidé de faire quand il a refusé d'adhérer à votre projet de conquête du monde entier.

« Vous avez ôté votre barbe et vos lunettes pour abuser les policiers qui montaient la garde autour de la maison. Ils ont cru que c'était lui qui entrait ; ils ont cru également que c'était lui qui sortait, après que vous l'avez eu étranglé et caché dans l'armoire. Mais vous n'aviez pas compté sur les contacts différents de deux esprits. Vous avez été stupide, Curwen, d'imaginer qu'une simple identité visuelle suffirait. Pourquoi n'avez-vous pensé ni au langage, ni à la voix, ni à l'écriture ? Voyez-vous, votre projet a échoué. Vous savez mieux que moi qui a écrit ce message en lettres minuscules ; je vous avertis solennellement qu'il n'a pas été écrit en vain. Certaines abominations doivent être détruites, et je suis persuadé que l'auteur du message s'occupera d'Orne et de Hutchinson. L'un de ces deux hommes vous a écrit jadis : « N'évoquez aucun esprit que vous ne puissiez dominer. » Vous avez déjà échoué une fois, et il se peut que votre maudite magie soit une fois de plus la cause de votre perte...

À ce moment, le médecin fut interrompu par un cri de la créature à laquelle il s'adressait. Réduit aux abois, sans armes, sachant bien que toute manifestation de violence physique ferait accourir plusieurs infirmiers au secours de son visiteur, Joseph Curwen eut recours à son ancien allié : tout en faisant des mouvements cabalistiques avec ses deux index, il psalmodia d'une voix profonde où ne restait plus trace du moindre enrouement, les premiers mots d'une terrible formule :

    PER ADONAI ELOIM, ADONAI JEHOVA,
    ADONAI SABAOTH, METRATON...

Mais la réplique de Willett fut prompte. Au moment même où les chiens commençaient à aboyer, où un vent glacial se mettait à souffler de la baie, le vieux médecin récita, comme il en avait eu l'intention depuis son arrivée, la seconde partie de cette formule dont la première avait fait surgir l'auteur du message en minuscules, l'invocation placée sous le signe de la Queue du Dragon, emblème du *nœud descendant* :

    OGTHROD AI'F
    GEB'L — EE'H
    YOG – SOTHOTH
    'NGAH'NG AI'Y
    ZHRO !

 Dès le premier mot, Joseph Curwen cessa de parler comme si sa langue eût été paralysée. Presque aussitôt, il fut incapable de faire un geste. Enfin, lorsque le terrible vocable *Yog-Sothoth* fut prononcé, une hideuse métamorphose eut lieu. Ce ne fut pas une simple *dissolution,* mais plutôt une *transformation* ou une *récapitulation ;* et Willett ferma les yeux de peur de s'évanouir avant d'avoir fini de prononcer la formule redoutable.

 Quand il rouvrit les paupières, il sut que l'affaire Charles Dexter Ward était terminée. Le monstre issu du passé ne reviendrait plus troubler le monde. Tel son portrait maudit, un an auparavant, Joseph Curwen gisait sur le sol sous la forme d'une mince couche de fine poussière d'un gris bleuâtre.

Printed in Great Britain
by Amazon